쿰란출판사 쿰란출판사 쿰란출판사 쿰란출판사
쿰란출판사 쿰란출판사 쿰란출판사 쿰란출판사
쿰란출판사 쿰란출판사 쿰란출판사 쿰란출판사
쿰란출판사 쿰란출판사 쿰란출판사 쿰란출판사
쿰란출판사 쿰란출판사 쿰란출판사 쿰란출판사
쿰란출판사 쿰란출판사 쿰란출판사 쿰란출판사
쿰란출판사 쿰란출판사 쿰란출판사 쿰란출판사
쿰란출판사 쿰란출판사 쿰란출판사 쿰란출판사
쿰란출판사 쿰란출판사 쿰란출판사 쿰란출판사

성지순례 Bible Study & Tours in Western Asia Minor

소아시아 교회와 사도 바울의 발자취를 따라서

이스탄불, 성 소피아 교회, 톱카프 궁전, 베드로 동굴교회, 하란, 실루기아, 수리아 안디옥, 다소, 갑바도기아, 아라랏 산, 콘야, 더베, 루스드라, 비시디아 안디옥, 골로새, 라오디게아, 히에라폴리스, 빌라델비아, 사데, 두아디라, 버가모, 서머나, 에베소, 밧모 섬, 고린도, 겐그레아, 아덴

다소에서 밧모 섬

안재도 지음

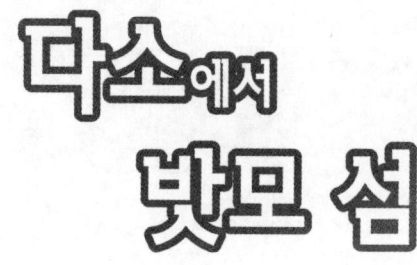

쿰란출판사

Bible Study & Tours in Western Asia Minor
From Tarsus to the Island of Patmos

by Jae Do Ahn

Copy right / 1999 Qumran Press
Seoul, Korea
All rights reserved

#1005, 1-1 Yunji-Dong, Jongro-ku,
Seoul, Korea
Printed in Korea

추천사

　최초의 이방 선교사 바울이 태어난 곳을 정점으로 출발하여 그가 복음의 빚진 자(롬 1 : 14)로서 일평생 동안 "나의 달려갈 길과 주 예수께 받은 사명 곧 하나님의 은혜의 복음 증거하는 일을 마치려 함에는 나의 생명을 조금도 귀한 것으로 여기지 아니하노라"(행 20 : 24) 하면서 복음을 증거하였던 역사적인 선교의 현장과 신·구약 성경 속에서 나타난 계시문학의 요람지라 할 수 있는 밧모 섬의 계시동굴과 소아시아 일곱 교회들을 46명의 북미주 한인목회자와 지도자들이 순례하면서 엮어진 「다소에서 밧모 섬」이라는 책이 출간됨을 축하드립니다.
　이 책을 출간하는 저자 안재도 목사님은 일찍이 기독교 가정에서 태어나서 부친의 정통보수신앙을 이어받아 한국 총신대학교와 신학대학원을 졸업한 후 미국 최고의 복음주의 보수신학교인 커버넌트신학교에서 목회학 박사를 받았으며, 언어와 문화와 가치관이 다른 미주 땅에서 성실하게 14년 동안 벧엘제단을 섬겨오는 가운데에 어떤 고통과 역경이 닥쳐도 불굴의 투지와 믿음으로 이겨내면서 성공적으로 이민목회를 하고 있습니다. 또한 이런 가운데도 지역복음화를 위하여 대 필라델피아한인교회협의회장으로서 열정적으로 일하는 중에 금번 이 책을 출간하게 되었기에 이 책이야말로 저자의 피와 땀이 섞인 결정체라 할 수 있을 것입니다.

앞으로 이 책을 통하여 목회자들과 지도자들이 소아시아 일곱 교회와 사도 바울 신학을 이해하는데 참고자료서가 될 뿐만 아니라 순례자들과 모든 크리스찬들에게는 은혜와 말씀의 샘터가 될 줄 믿으면서 이 책을 적극 추천합니다.

주후 1999년 9월 1일

미국국제기독대학교 개혁신학대학원

총장 김한채 박사

추천사

 금번에 대 필라델피아 지역 한인교회협의회가 중심이 되어 북미주에 살고 있는 46명의 교역자와 지도자들이 밧모 섬과 소아시아의 일곱 교회들, 그리고 사도 바울 성지를 순례하고 돌아와서 「다소에서 밧모 섬」이라는 책을 출간하게 됨을 진심으로 축하드립니다.
 북미주 땅은 오대양 육대주에 흩어져 있는 한인 디아스포라가 가장 많이 편중되어 있는 곳으로서, 이번에 그곳에서 목회하고 계시는 각 지역의 목회자들과 지도자들이 사도들이 걸어간 복음의 발자취와, 기독교 선교의 역사적 현장을 돌아보며, 직접 보고 느끼고, 체험한 바를 이렇게 '순례기'로 정리하여 펴내게 되었습니다. 모쪼록 이번 성지 순례를 통하여 얻은 영적 교훈과 내용들을 잘 간직하여 앞으로 21세기를 향하여 북미주 한인교회가 질적, 양적으로 계속 성장해 가기를 바랍니다. 그리고 더 나아가서 "너는 말씀을 전파하라 때를 얻든지 못 얻든지 항상 힘쓰라"(딤후 4 : 2)는 말씀처럼 예수 그리스도의 복음을 땅 끝까지 전파하여 선교의 사명을 잘 감당하는 한인교회들이 되시기를 바랍니다.
 또한 이 책을 통하여 저 멀고 먼 이국 땅에서 고생하며 수고하시는 한인 동포들과 그들의 이민 여정 위에 새로운 믿음의 역사가 일어날 뿐만 아니라 새롭게 은혜 받는 진리의 샘터가 되기를 바라는 마음 간절합니다. 그리고 이 책의 출간을 위하여 성지순례단장과 저자로 수고하신 대 필라델피아 지역 한인교회협의회 회장 안재도 목사님과 단원 목사님들, 지도자들에게 감사를 드리며 이에 이 책을 추천합니다.

1999. 9. 1

서울 명성교회 김삼환 목사

추천사

　초대교회를 이해하고 그 역사를 다시 구성하는데 있어서 현장을 순방하는 일 이상 도움이 되는 것은 없다. 안재도 목사님의 「다소에서 밧모 섬」은 그 점에 있어서 사도 바울의 선교활동에 얽힌 희로애락을 이해하는데 크게 이바지하고 있다.
　소아시아 일곱 교회와 바울 성지를 해설하면서 순례기행의 이야기를 담은 이 책은 실제로 안 목사님이 계획하고 실천하였던 대 필라델피아한인교회협의회 주관 소아시아 일곱 교회 및 사도 바울 성지 북미주 순례단의 보고서라 말할 수 있다. 왜냐하면 안 목사님이 교회협의 회장으로서 46명의 순례단을 인솔하고 1999년 3월 15일부터 26일까지 12일 동안 참가자들과 함께 그 지역을 다녀와 이 책을 쓴 것이기 때문이다.
　요한계시록에 나타난 일곱 교회는 에베소 교회를 비롯하여 서머나 교회, 두아디라 교회, 사데 교회, 빌라델비아 교회, 라오디게아 교회, 그리고 사도 요한이 계시를 받았던 밧모 섬이다. 안 목사님의 성지 순례는 성 소피아 교회에서 시작하여 베드로동굴 교회, 바울의 고향 다소, 갑바도기아의 괴뢰메 동굴교회, 빌립 순교기념교회, 서머나 및 에베소 교회, 사도 요한의 교회, 고린도교회로 이어지고 있다. 가는 곳마다 기도와 예배시간을 가졌던 순례단의 일들이 소개되고 있으며, 그 고장의 역사적 행적이 자세히 설명되고,

그리고 역사기행을 안내하는 내용들이 듬뿍 실려져 있다.

저자 안 목사님은 한국에서 총신대학교와 신대원을 졸업한 뒤 미국에 오셔서도 꾸준히 연구하면서 정통개혁신학교인 커버넌트 신학교에서 목회학 박사학위를 받으신 분이다. 그의 폭넓은 신학적 지식과 경건한 신앙은 독자들을 사로잡고 있다. 앞으로 이 책이 널리 읽히고 연구의 유익한 자료로 쓰여 큰 몫을 할 것을 확신하면서 감히 신학도와 평신도 그리고 목회자 여러분의 일독을 권하고 싶다.

주후 1999년 9월 1일

미주크리스챤헤럴드 주필 홍 종 호 목사

머리말

 "대머리와 휜 다리에 눈썹은 서로 맞닿고 코는 매부리에 단신의 다부진 체구를 가진 호감에 찬 사나이, 그는 인간의 모습에 천사의 얼굴을 가진 자이다."라는 기록은 2세기경 한 외경(The Act of Paul and Thecla)에서 묘사된 바울의 인물평이다.
 바울은 그의 양친이 로마 시민권자로서 훌륭한 유대인 가정에서 기본 교육을 받은 자이며, 정통 율법의 대가인 힐렐(Hillel)의 제자로 이어지는 가말리엘 문하생이었으며, 예루살렘에서 엘리트 율법 교육과 엄한 훈련으로 무장된 사람이었다. 그런데 어느 날 그는 다메섹 도상에서 만난 부활의 예수 그리스도를 통하여 율법의 사울에서 복음의 바울로 새롭게 탄생했다.
 사도 바울의 고향이며 신구약 성경이 가득 잠겨 있다는 소아시아는 어떠한 곳인가? 이곳은 일찍이 소아시아(Asia Minor)라 하며 아나톨리아(Anatolia)라 불렸던 오늘날의 터키 땅이다. 이 지역은 에덴동산에서 발원한 4개의 강 중에 2개인 유프라테스(Euphrates)와 티그리스(Tigris) 강이 흐르고 있었으며, 옛 문명의 발상지로서 동서양의 만남의 장소였으며, 그리고 전 세계의 예술과 문화의 중심지였다.
 특별히, 소아시아는 3대 종교인 기독교(Christianity), 이슬람교(Islam), 유대교(Judaism)가 이 지역을 지배하고 투쟁하는 가운데 일찍이 기독교가 전파되어 번성했던 곳이다. 노아의 방주가 머물렀던 아라랏 산(창 8 : 4), 믿음의 조상 아브라함이 살았던 하란 땅(창 11 : 31), 최초로 그리스도인이라는 별명을 얻게 되었던 곳(행 11 : 26), 바울의 고향(행 22 : 3)과 그의 세계전도여행의 전초기지(행 13 : 4, 16 : 1, 18 : 23), 그리고 사도 요한을 통하여 일곱 교회들이 하나님의 음성과 하늘의 계시(계 1 : 9~11)를 받았던 거룩한 땅이요 성지(聖地)이다.

또한 저 갑바도기아(Cappadocia) 지하동굴에 세워진 수천 개의 지하교회와 기도처, 지하석벽의 성화와 비문, 그리고 그곳에서 오직 말씀을 파수하며 일사각오의 신앙으로 고난과 박해를 당하면서까지 피 흘리며 땅 속에 파묻힌 갑바도기아의 영혼들과 그들의 믿음의 흔적들은 지금도 이곳을 찾는 순례자들의 마음을 뜨겁게 하며 강한 충동으로 새롭게 도전을 줄 뿐만 아니라 저 위에서 불어오는 성령의 강한 바람에 잘 조화되어 지구촌 구석구석에까지 미쳐 울려퍼지고 있다.

어디 이뿐인가? 아시아의 영광이라고 불린 서머나교회의 폴리갑(Policarp)은 오직 말씀 파수, 로마황제 숭배 배격, 그리고 복음을 증거하다가 순교하였다. 그때 "가이사를 섬기겠느냐? 아니면 죽음을 택하겠느냐?"라고 강요하는 유대인과 군중들의 요구에 그는 말하기를, "나는 86년간이나 그리스도를 섬겨왔소. 그분은 이때까지 한 번도 나를 저버리지 않으셨는데 내가 어찌 나의 왕을 저주하리요?"라고 대답했다. 그리고 장작 위에 올려진 그의 몸은 순식간에 뜨거운 불길 속에서 태워졌다. 이 사건은 당시 초대교회의 산 증인으로 대변되었을 뿐만 아니라 훗날에는 기독교 순교사의 꽃이 되었다.

이곳 밧모 섬, 소아시아 일곱 교회와 사도 바울 성지의 순례는 기독교인이라면 누구나 한 번쯤은 다녀와야 할 장소인 것 같다. 금번, 북미주 지역에 있는 46명의 한인 목회자와 지도자들이 한 순례단이 되어 이 지역을 순례하던 중 보고 느끼고 체험한 이 모든 것들이 우리들의 마음판에 깊이 새겨져 일평생을 간직될 것이다. 특별히, 강단에서 말씀의 꿀을 먹이고 있는 일선 목회자와 지도자들은 이곳을 필히 다녀와야 할 계시의 장소요 은혜와 생수가 솟아나는 샘터임을 분명히 믿는다.

이 소책자는 소아시아 교회와 사도 바울의 발자취를 신학적으로 논한 것도 아니며 또한 그렇다고 단순한 기행문도 아니다. 이것은 각 지역과 유적들을 성경적으로, 역사적으로 해설하면서 아울러 순례자들의 간증이 포함되어 있기에 앞으로 이곳을 찾고자 하는 순례자들에게 조금이라도 도움이 될 줄 믿는다.

더 나아가서, 앞으로 다가올 밀레니엄 시대를 맞이하여 이 글 속에 담겨 있는 계시의 말씀과 교훈들을 통하여 이 지구촌 위에 더욱 더 하나님의 나라와 주님의 교회가 확장되기를 바란다.

그 동안 이 책이 출간되도록 협력해 주신 46명의 순례단원들과 여러 성도님들, 그리고 쿰란출판사 대표 이형규 장로님께 진심으로 감사를 드리며, 북미주 한인 디아스포라와 지구촌 한인복음화를 위하여 이 책을 드린다.

주후 1999년 9월 1일
필라델피아에서 **안 재 도** 목사

차례

추천사 • 조천일 박사 / 4
추천사 • 김삼환 목사 / 6
추천사 • 이선주 박사 / 8
머리말 / 10

제1장 출발 감사예배
Soli Deo Gloria! / 18

제2장 순감자와 양고기
D데이 / 24
첫째날-출발 기도회 / 25
뉴왁 국제공항 / 29

제3장 성 소피아 교회와 슈한 크리소스톰
둘째날 / 34
터키 / 35
오, 이스탄불이여! / 41
성 소피아 교회 / 44

제4장 칼이냐? 코란이냐?
셋째날 / 54
돌마바체 궁전 / 55
로마 성벽 / 57
블루 모스크 / 58
톱카프 궁전 / 60
그랜드 바자 / 64

제5장 베드로 동굴교회
넷째날 / 68
아다나 / 69
토로스 산 위에서 / 71
하란 / 73
실루기아 / 75
수리아 안디옥 / 77
고속도로 90번 선상에서의 첫번째 열린음악회 / 80
안디옥 선교의 밤 / 83

제6장 최초의 이방 선교사 바울
다섯째날 / 86
바울 / 87
다소 / 90

차 례

양과 염소론 / *94*
갑바도기아 / *99*
갑바도기아 신학자들 / *101*
네브쉐히르 / *104*
서카 도자기 공장 / *107*

 갑바도기아의 동굴 성도들

여섯째날 / *110*
괴뢰메 동굴교회들 / *112*
갑바도기아 봉화대 / *118*
앙카라 / *120*
노아의 방주와 아라랏 산 / *122*
바자르 54 카펫 공장 / *125*
고속도로 300번 선상에서의 두 번째 열린음악회 / *127*

제8장 어두움의 도시 콘야

일곱째날 / *132*
콘야 / *134*
안식일과 주일 / *136*
더베와 루스드라 / *139*
비시디아 안디옥 / *141*
사도행전에서 요한계시록 지역으로 / *144*
골로새 / *147*

라오디게아 / 152

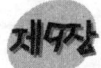 **제9장 말씀으로 이기는 교회**

여덟째날 / 162
히에라폴리스 / 163
빌립 순교 기념교회 / 165
빌라델비아 / 168
사데 / 175
45번 선상에서의 '가정생활 세미나' / 183
두아디라 / 186
버가모 / 193

 **제10장 첫사랑을 잃어버린 교회**

아홉째날 / 204
서머나 / 205
누가의 묘 / 215
에베소 / 217
사도 요한 기념교회 / 232
아가페 서점 / 234

제11장 밧모 섬을 향하여

열째날 / 238

차 례

풍랑을 만난 순례단 / 240
밧모 섬 / 245
계시동굴 / 248
성 요한 기념수도원 / 250
요한의 세례 터 / 252

제12장 아크로폴리스

열한째날 / 254
집시선교 / 256
아덴 / 262
아레오바고 / 264
소크라테스의 무덤 / 267
아크로폴리스 / 270
고린도 / 272
겐그레아 / 276
올림픽 경기 / 278

제13장 아덴에서 뉴욕으로

열두째 마지막 날 / 282

참고문헌 / 284
성경지리 / 287

# 제1장

출발 감사예배

▲ 출발 감사예배를 드린 후 기념촬영

Soli Deo Gloria !

먼저 살아 계신 하나님께 영광을 돌린다.

1999년 3월 14일 주일 저녁 6시 30분, 밧모 섬과 소아시아 일곱 교회들과 사도 바울 성지를 향한 출발 감사예배를 대 필라델피아 한인교회협의회(The Council of Korean Churches of Greater Philadelphia) 주최로 필라델피아 벧엘장로교회(담임 안재도 목사)에서 드렸다.

1999년 3월 14일 저녁 6시 30분, 150여 명이 모인 가운데 진행된 출발 감사예배는 마치 전쟁터에 나가는 십자가 군병들의 출정식과 같았다. 23명의 목사님과 장로님들의 결단기도, 설교 말씀, 순례단원들의 인사와 합창, 축사, 격려사, 특별찬양, 간곡한 부탁의 광고 말씀과 축도로 드려진 장장 세 시간의 이 예배는 마치 일일 성지 심령대부흥회와 같은 분위기를 자아냈다.

먼저, 대 필라델피아 한인교회협의회장겸 성지 순례 단장인 필자가 예배 인도를 시작하면서, "이번 교협에서 제1차 성지 순례를 갖게 하신 살아 계신 하나님께 감사를 드립니다. 이번 순례의 길을 통하여 앞서 가신 사도들의 발자취를 따라가며 신앙의 체험을 하고 돌아오게 하옵소서……."라고 기원기도를 드린 후, 교협 감사 서장석 장로님이 성경 말씀을 봉독하였다.

"내가 속히 임하리니 네가 가진 것을 굳게 잡아 아무나 네 면류관을 빼앗지 못하게 하라 이기는 자는 내 하나님 성전에 기둥이 되게 하리니 그가 결코 다시 나가지 아니하리라 내가 하나님의 이름과 하나님의 성 곧 하늘에서 내 하나님께로부터 내려오는 새 예루살렘의 이름과 나의 새 이름을 그이 위에 기록하리라 귀 있는 자는 성령이 교회들에게 하시는 말씀을 들을지어다"(계 3 : 11~13).

이후, 교협 증경회장이시며 성지 순례 명예단장이신 현인덕 목사님이 "1999년을 뜻있게 더 아름답게!"라는 제목으로 설교했다. "첫째, 본문 12절 말씀과 같이, 이기는 자가 되어 하나님 성전의 튼튼하고 바르고 곧은 기둥들이 되어야 할 것입니다. 둘째, 성령 충만으로 더 많은 것을 배우고 깨달아서 헌신하는 기둥이 되어야 합니다. 사도 바울이 2차 전도여행을 할 때 에베소 지역을 방문하여, '너희가 믿을 때에 성령을 받았느냐' 라고 물었을 때 그들이 '아니라 우리는 성령이 있음도 듣지 못하였노라' (행 19 : 2) 하여 그들에게 말씀을 가르치고 안수하여 성령 충만한 삶을 살도록 하고 그들로 하여금 주의 말씀을 힘있게 증거하도록 하며 충성케 했습니다. 이와 같이 오늘 우리들도 성지 순례를 통하여 말씀을 깨닫고 성령 충만한 자가 되어 보다 차원 높은 신앙의 단계로 승화되어 성령으로 새 역사를 창조하는 예수 그리스도의 충성스러운 일꾼들이 되어야 하겠습니다. 셋째, 20세기 마지막 정거장에 서 있는 이 시점에 우리

교역자들이 가는 순례의 길은 재미만 즐기는 하나의 여행이 아니라 1999년을 보다 뜻있고 아름답게 장식하는 주님의 종들로서 말씀으로 재충전받고 선교의 뜨거운 사명을 가지고 돌아와서 하나님 나라의 확장과 주님의 교회에 충성하는 일꾼들이 되어야 하겠습니다."

설교 말씀이 끝난 후 계속하여 필자가 성지 순례의 목적을 말하면서, "이번 성지 순례는 필라델피아 지역 복음화와 각 지교회들의 부흥 성장을 위한 목회자들의 뜨거운 메시지 전달과 영적 재충전의 기회입니다."라고 설명했다. 이어서 이번 행사의 재정 후원자 황삼열 변호사님은 "이번 귀한 행사에 부족하나마 함께 참여하여 지역 복음화를 위해 힘써 일할 수 있는 기회 주심을 하나님께 감사드립니다. 특별히 회장 목사님의 순수하고 아름다운 뜻에 깊이 감동이 되어 기도하던 중 동참하게 되었습니다. 이번 순례의 길을 통하여 큰 은혜를 받고 영적으로 충만하게 재충전을 받아 돌아오시길 바랍니다."라고 말했다. 그리고 필라델피아 연합교회 최이열 목사의 축사가 있었다.

"세계 복음화의 공로자들이 지나간 발자취의 현장에 필라교협이 처음으로 테이프를 끊고 순례하게 됨을 진심으로 축하드립니다. 어느 물리학자의, '지나간 과거는 반드시 발자취를 남긴다.' 라는 말처럼 이번 순례 목사님들이 성지 현장에 가서 직접 보고 경험하고 체험하여 새로운 자취와 영광스러운 흔적을 남기는 자랑스러운 필라델피아 목회자들이 되기를 바랍니다."

이어서 선민교회 백형무 목사님은 "이번 성지 순례를 축하드리면서 첫째, 소아시아 일곱 교회들에게 하신 말씀을 현장에서 깨닫고 확인하며 그 말씀이 여러 목회자님들께 새롭게 정립되시기를 바라며, 둘째, 당시 초대교회들과 오늘날 현대교회들과의 관계가 무엇인가를 재발견하시길 바라며 마지막으로, 하나님의 말씀으로 재무장하여 사이비 이단들을 물리치고 앞으로 21세기를 준비하는 성지 순례가 되기를 바랍니다."라고 축사를 하였다.

이어서 장로회 증경회장 박상구 장로님과 동아일보 대표 임보현 장로님의 격려사가 있었다. 박상구 장로님은 사도행전 9장 15~16절 말씀을 읽은 후, "기름 부으심을 받은 주의 종들은 하나님의 크신 복이요 큰 사명자들입니다. 이번 소아시아 일곱 교회들을 방문하실 때 하나님의 음성을 듣고, 밧모 섬에 가서는 사도 요한이 무릎 꿇고 기도할 때에 하늘 문이 열려 신비한 음성을 들은 것처럼 그곳에 가서 체험하시고 경험하시길 바랍니다. 가시는 성지 곳곳마다 사도 바울의 복음 증거하는 정신과 제2의 사도 바울이 되는 결단을 가지고 목회현장이 하나님의 은혜 가운데 부흥 발전되는 기회가 되시길 바랍니다."라고 하였고, 임보현 장로님 역시 아래와 같이 부탁과 격려의 말씀을 해주셨다.

"바울이 빌립보 교인들에게 '너희는 나를 본받으라'고 한 말씀을 생각하시면서 무엇이 바울로 하여금 그렇게 권면하게 하였나를 기도 중에 발견하시고, 소아시아 일곱 교회들에게 '귀 있는 자는 들으라'고 하신 말씀처럼 성지를 순례하실 때, 성령께서 하신 말씀을 듣고 돌아오셔서 강단에서 말씀을 들려주시고 그리고 당시의 바울의 모습과 사도 요한의 모습도 발견하고 돌아오시길 바랍니다. 이번 교협회장 안재도 목사님을 통하여 지역 목회자들의 영성과 재충전을 위하여 귀한 성지 순례행사를 가지게 됨을 축하드리면서, 마지막 세대에 교회들에게 맡기신 것은 거룩성과 순수성인데 이번 순례를 통하여 지역 목회자들의 영성이 충만하게 재충전받는 기회가 되시길 바랍니다."

이어서 10명 순례 목사님들의 합창과 인사, 소개가 있은 후 교협회계 제만석 장로님의 헌금기도, 갈릴리교회 강복원 목사님의 독창과 교협총무 되시는 전영현 목사님의 광고와 불루벨교회 신청기 목사님의 축도로 출발 감사예배를 은혜 가운데 마쳤다.

    제2부 순서 시간에는 필라델피아 서머나교회 담임 박등배 목사님의 축복 감사기도가 있은 후 맛있는 김밥, 과일과 생강차로 사랑의 교제를 나누었다. 그때 이런저런 대화가 오고가는 중 순례단원 목사님들 가운데는, "단장 목사님, 내일 갈 때 양복과 넥타이를 가져가야 합니까?" "신발은 무엇으로, 그리고 옷은 어떻게 입고 가야 합니까?"라고 질문하였고, 어느 집사님은, "저희들도 함께 갈 수 있습니까?"라고 하였으며, 박상구 장로님은 필자를 찾아와 손을 잡으면서 가시는 길에 순례 목사님들이 목마르지 않도록 음료수를 사드시라고 하면서 200달러를 주셨다. 어느 신문기자는, "잘 다녀오세요, 꼭 기사화하겠습니다."라고 했으며, 어느 원로목사님은 "꼭 성찬식을 해야 하는데 성찬병을 준비하세요." 하면서 부탁의 말씀도 하였다. 그러한 가운데 점점 시간이 지나자 서로서로 인사를 나누며, "자! 오늘밤에 눈이 많이 왔으니 미끄러지지 않도록 안전하게 운전하시고 내일 또 만납시다!" 하면서 출발 감사예배와 친교시간을 모두 은혜롭게 마쳤다.

순감자와 양고기

▲ 소아시아 지역의 양떼들

D데이

"드디어 D데이가 왔다!"

주후 1999년 3월 15일 월요일 오후 12시 30분, 하나님의 크신 복과 은혜 가운데 대 필라델피아 한인교회협의회에서 주관하는 밧모 섬, 소아시아 일곱 교회들, 사도 바울의 성지 순례의 길이 예정된 날짜와 시간이 다가왔다. 그리고 모처럼 내린 함박눈 속에서 즐겁고 상쾌한 새 마음으로 드디어 대장정의 막이 서서히 올랐다.

첫째날(First day) - 출발 기도회

1999년 3월 15일 오후 12시 30분, 벧엘장로교회에 집합한 성지 순례단원들은 먼저 교회당 안으로 들어가서 조용히 고개 숙여 마음을 가다듬고 출발 기도회를 드렸다.

필자의 기도회 인도로 찬송가 343장을 다함께 부른 후 교협총무 전영현 목사님이 성경 말씀을 봉독했다.

"오직 너는 마음을 강하게 하고 극히 담대히 하여 나의 종 모세가 네게 명한 율법을 다 지켜 행하고 좌로나 우로나 치우치지 말라 그리하면 어디로 가든지 형통하리니 이 율법책을 네 입에서 떠나지 말게 하며 주야로 그것을 묵상하여 그 가운데 기록한 대로 다 지켜 행하라 그리하면 네 길이 평탄하게 될 것이라 네가 형통하리라 내가 네게 명한 것이 아니냐 마음을 강하게 하고 담대히 하라 두려워 말며 놀라지 말라 네가 어디로 가든지 네 하나님 여호와가 너와 함께 하느니라 하시니라"(수 1 : 7~9).

잠시 후 교협 증경회장 김만우 목사님의 격려사가 있었다.

"하나님의 은혜 진심으로 감사합니다. 주님을 뜨겁게 사랑하는 필라델피아 지역의 천국의 일꾼들이 이 지역의 복음화와 주님의 피로 값주고 사신 교회들에 충성되이 봉사하고자 하는 열망 가운데, 더 배우고 보고 경험하기 위하여 필라델피아 한인교회협의회 주관으로, 우리가 흠모하고 배우기를 간절하게 바라는 사도 바울 선생님의 선교의 발자취를 따라 소아시아 지역 성지 순례를 가지게 됨을 축하합니다. 새것을 좋아하는 시대 풍조에 밀려 옛것을 잊어버리기 쉬운 급변하는 사회 속에 우리가 살고 있다 할지라도, 신앙 선배들의 순교자적 삶의 발자취를 더듬어 보는 것은 대단히 유익하고 중요하므로 격려해야 할 일인 줄 압니다. 성경 말씀은 신앙 선배들의 발자취를 더듬어, 주님을 온몸으로 사랑한 신앙의 정신을 배우기를 권고하고 있습니다."

"하나님의 말씀을 너희에게 이르고 너희를 인도하던 자들을 생각하며 저희 행실의 종말을 주의하여 보고 저희 믿음을 본받으라"(히 13 : 7).

"청컨대 너는 옛 시대 사람에게 물으며 열조의 터득한 일을 배울지어다 우리는 어제부터 있었을 뿐이라"(욥 8 : 8~9).

"금번 성지 순례를 통하여 사도 바울의 순교자적 신앙 정신(행 20 : 24)을 접하고, 많은 것을 보고 듣고 깨달아 더욱 주님의 나라 건설과 확장을 위하여 불타는 신앙 정열을 품고 돌아오시기 바랍니다. 그리하여 필라델피아 동포 복음화는 물론 동포 교회들에게 희생적 신앙의 바람을 불러 일으켜 하나님께 큰 영광을 돌려 드리시기를 주 예수 그리스도의 이름으로 축원합니다. 이 일을 처음부터 계획하고 기도하면서 성공적으로 추진한 교회협의회 회장 안재도 목사님께 감사와 격려를 보내드립니다. 모쪼록 주 안에서 즐겁고 기쁜 성지 순례가 되시기를 기원합니다. 여러 동역자님들에게 은혜 충만한 성지 순례가 되시기를 비오며, 여러분들의 여정을 살아 계신 능력의 아버지 하나님의 오른손에 온전히 부탁드리는 바입니다."

이어서 교협 증경회장 김춘식 목사님이 대표로 기도 인도해 주셨다.

"이번 성지 순례를 갖게 하신 하나님의 은혜와 복을 감사드립니다. 이번 성지 순례를 통하여 사도들의 발자취를 따라가게 하옵시고 그들의 현장에 가서 다시 한번 배우고, 깨닫고, 뜨겁게 충만해지는 역사가 일어나게 하옵소서. 모든 성지 순례 단원들의 발걸음에 복 주시고 건강케 하옵소서.……"

곧이어 '순감자' 먹는 시간을 가졌다. 즉 '순' 이란 순종하는 것을 말하며, '감' 은 감사하는 것, '자' 는 자기 자신을 죽이는 것을 뜻한다. 이에 모두가 큰 소리로 "순감자!" "순감자!" "순감자!"로 삼창한 뒤에 주기도문으로 폐회하였다.

기도회를 마친 후, 어느 집사님은 따끈한 커피를 가져와서 가시는 중에 드시라고 하며 마지막 정성을 보였고, 어느 신문기자는 찾아와서 취재하느라 바빴고, 그리고 특별히 김만우 목사님은 단장인 필자에게 성지에 가면 양고기가 힘이 있고 스태미나에 좋으니 꼭 양고기를 많이 먹으라고 당부하기도 하였다.

드디어, 말씀으로 무장하고 순감자와 양고기로 가득 채운 성지 순례 단원 일행은 버스를 타고 '부웅' 하면서 교회당 문을 떠나 순식간에 고속도로 276번(Pennsylvania Turnpike)에 진입하였다. 고속도로에 진입한 그 순간, 기다렸다는 듯이 구름 속에 있는 해님이 '쨍' 하면서 우리 일행의 마음을 기쁘게 해주었다. 그때 일행은 "와!" 하면서 일제히 환호하였고, 어떤 분은 말하기를, "오늘 날씨는 마치 신랑 신부가 입장할 때 하얀 천이 깔리고 펼쳐지듯이 고마우신 하나님은 검은 구름을 싹 거두어 주셨습니다."라고 하며 기쁨을 감추지 못했다. 또 다른 분들은 "성지에서는 예수님도 넥타이를 매지 않고 설교했으니 넥타이 없이 가도 괜찮다." "이 햄버거는 우리 집사람이 만든 것이다." 하며 들떠 있었다.

 이런저런 이야기를 하는 동안 우리 일행은 어느새 공항에 무사히 도착하였다.

뉴욕 국제공항
(New York International Airport)

　예정대로 공항에 3시 10분에 도착하니 첫출발의 단추는 일단 OK였다. 그런데 한 가지 문제가 생겼다. 다른 단원들은 아무 이상이 없었는데 단장의 비행기 티켓이 컴퓨터에 입력되어 있지 않았다. 이때 어느 의리파 목사님이 말하기를 "만약 단장 목사님의 비행기 티켓에 문제가 있으면 나는 비행기를 타지 않겠다."라고 하였다. 여하튼 곧 티켓 문제는 잘 해결되었다. 그 직후, 뉴욕 이스라엘 여행사 윤영선 부장님이 와서 말하기를, "안 목사님, 이번 순례단원은 필라에서 10명이며, 북미주에서 36명이 되어 총 46명입니다. 이번 순례단은 안 목사님께서 총대를 메시고 단장이 되어 주기를 부탁드립니다."라고 하면서 간곡히 부탁하여 더 이상 거절할 수 없는 입장이 되었다. 그때부터 필라델피아 성지 순례단과 함께 46명 북미주 성지 순례단의 총단장이 되어 양어깨의 짐이 심히 무거웠다.
　이번 북미주 순례단원들을 소개하고자 한다. 명예단장은 필라델피아 교협 증경회장 및 앰블러 원로 현인덕 목사님이며 단장은 필자

(필라델피아 교협 회장 및 벧엘장로교회 담임)가 맡았고, 총무는 필라델피아 평화교회 담임 류인곤 목사님이 맡아 수고하기로 했다. 단원들을 소개하면, 뉴욕 미주 고은교회 담임 정석기 목사님, LA한길감리교회 담임 유태엽 목사님과 유교신 사모님, 테니시스 한인연합교회 담임 김성은 목사님, 순복음테니시교회 담임 김상우 목사님, 테니시스 내쉬빌 한신교회 담임 안영섭 목사님, 리치먼드 한인침례교회 담임 유병학 목사님과 유광자 사모님, 캐나다 토론토 복음선교교회 담임 유영목 목사님과 유미지 사모님, 리치먼드 한인연합감리교회 담임 현성윤 목사님, 버지니아 제일장로교회 담임 오광섭 목사님, 테니시스 내쉬빌 한인감리교회 담임 서기종 목사님, 뉴저지 한인침례교회 담임 문종성 목사님, 디트로이트 순복음교회 담임 이병열 목사님, 필라델피아 양의문교회 담임 윤상철 목사님, 필라델피아 불루벨교회 담임 신청기 목사님, 필라델피아 동산교회 담임 김정일 목사님, 뉴저지 프린스턴 영광한인교회 담임 윤사무엘 목사님, 필라델피아 서머나교회 담임 박등배 목사님, 필라델피아 갈보리 한인침례교회 담임 이광영 목사님, 테니시스 내쉬빌 한빛교회 담임 최동갑 목사님, 뉴욕 성도교회 이성우 전도사님과 이덕희 사모님, 평신도들로서는 산호세 대성장로교회 이기준 장로님, 이정애 권사님, 뉴욕 한인교회 손재승 박사님, 손경옥 박사님, 강순영 성도님, 박유리 성도님, 아이오와 디모인 한인감리교회 박희철 박사님, 우경덕 성도님, 뉴욕 한미교회 곽영 안수집사님, 오화자 권사님, 곽기화 성도님, 시카고 미드웨스트장로교회 허정숙 박사님, 이복덕 장로님, 신복숙 권사님, 서두례 권사님, 시카고 형제감리교회 손병주 장로님, 손귀성 권사님, 시카고 복음장로교회 이창식 장로님, 이숭연 권사님이었다.

드디어 예정된 시간에서 30분이 지난 6시 20분에 루프탄사 항공기(Lufthansa, Boeing 747)에 탑승했다. 그때 필자는 자리에 조용히 앉아, "오 하나님이여, 이번 성지 순례를 통하여 하나님께 영광이 되며 은혜 충만한 순례의 길이 될 수 있도록 인도해 주시고 도와 주옵소서. 그리고 단장의 책임을 잘 감당할 수 있도록 새 힘을 주옵소서.……"라고 기도드렸다.

제3장
성 소피아 교회와 요한 크리소스톰

▲ 크리소스톰이 목회하였던 성 소피아 교회

둘째날(Second Day)

　1999년 3월 16일 오전 7시 50분, 뉴왁을 출발한 성지 순례단은 7시간 비행기 여행을 통하여 프랑크푸르트 국제공항(Frankfurt International Airport)에 도착하여 3시간 동안 공항 안에서 휴식을 취하고 다시 비행기를 타고 터키(Turkey)로 향하였다. 그때 필자는 다시 주님을 향하여, "주님, 건강케 하옵소서. 몸도 아프고 심히 피곤합니다. 단장이 쓰러지면 전 단원들은 죽습니다. 새 힘을 주옵소서, 지켜 주옵소서. 함께 동행해 주옵소서.……" 하면서 혼자 중얼중얼거리며 간절히 기도를 드렸다. 마침내 10시간 여행을 통하여 무사히 터키 땅에 도착하였다.

터키(Turkey)

동서양의 만남이 있는 곳!

일찍이 소아시아(Asia Minor) 혹은 아나톨리아(Anatolia)로 불렸던 오늘날의 이곳 터키는 인류 역사에서 지금까지 발생되고 지속되어 온 여러 형태의 문명들과 일찍이 이 땅을 찾아온 여러 민족의 사람들이 전파한 다양한 문화로 부유한 역사의 상속자가 되었다. 그래서 과거의 터키를 한 마디로 말한다면 고대 문명의 요람지(The Cradle of Ancient Civilization)요, 동서양의 만남의 장소(The Place of Meeting between Western and Eastern)요, 예술과 문화의 중심지(The Center of Culture and Art)라고 할 수 있다. 그러나 오늘의 터키는 영적 불모지(A Spiritual Desert)요, 선교의 묘지(The Closed Country)요, 복음 전파가 불가능한 나라(Impossible to Evangelize)라고 말할 수 있다.

특별히, 초기 기독교의 본고장인 터키는 에덴동산에서 발원한 4개의 강 중에 2개의 강, 즉 유프라테스(Euphrates) 강과 티그리스

(Tigris) 강이 흐르고 있으며 노아의 방주가 머물렀던 아라랏 산(Ararat, 창 8 : 4)이 있는 곳이다. 믿음의 조상 아브라함이 갈대아 우르에서 떠나 가나안 땅으로 가고자 할 때, 머물렀던 하란(Haran, 창 11 : 31) 땅과 최초로 '그리스도인' (행 11 : 26)이라고 불림을 받기 시작했던 안디옥(Antioch)을 비롯한 바울의 고향인 다소(Tarsus), 사도 바울의 1 · 2 · 3차 전도여행지, 요한계시록에 나타난 일곱 교회들, 즉 에베소 교회, 서머나 교회, 버가모 교회, 두아디라 교회, 사데 교회, 빌라델비아 교회, 라오디게아 교회 그리고 지금은 그리스 영토 안에 있으며 사도 요한이 계시를 받았던 밧모 섬(Island of Patmos)이 가까이 있다.

터키의 역사에 의하면, 현재 이곳 땅에 있는 아나톨리아(Anatolia) 땅은 동양과 서양이 교차하는 곳으로, 이 땅의 지배를 둘러싸고 수많은 종족들의 투쟁이 이어져 왔으며, 특히 3대 종교인 기독교(Christianity), 이슬람교(Islam), 유대교(Judaism)가 이 지역에서 발전되었다. 일찍이 소아시아 지방의 기독교가 로마제국의 국교가 되기에 이르렀다.

옛 문명의 발상지였던 유프라테스(Euphrates)와 티그리스(Tigris) 강을 따라 기원전 8000년(신석기 시대)부터 인류가 이 땅에 살았으며, 수많은 부족과 문명들이 명멸했던 지역으로 히타이트(Hittite), 고대 그리스(Ancient Greece), 페르시아(Persia), 알렉산더 제국의 마케도니아(Alexander's Empire, Macedonia), 로마(Rome), 비잔틴(Byzantine), 그리고 이슬람 문명의 본산인 오스만(Ottoman) 등이 이곳을 거쳐갔다. 이로 인하여 터키 전역에 역사적, 종교적 유물들이 산재해 있다. 그래서 역사학자 아놀드 토인비(Arnold J. Toynbee)는 말하기를, "터키는 살아 있는 역사 박물관이다."라고 말했으며, 지금도 고고학자들에 의해 끊임없이 유적과 유물들이 발굴되며 연구되어지고 있다.

역사상 기록된 바에 의하면 B.C. 1900년경 앗시리아(Assyrian) 무역상들이 처음 이 땅에 나타나고, B.C. 1380년경에는 히타이트(Hittite) 왕국의 전성기였으며, B.C. 334년에 알렉산더 대왕의 점령을 거쳐 B.C. 133년에는 소아시아 지방이 로마의 한 개의 주가 되어, 그후 콘스탄티노플(Constantinople)이라 칭해졌다. 콘스탄티노플은 1288년경부터 태동하기 시작한 터키족의 오스만(Ottoman Turks) 제국에 의해 1453년 멸망하기까지 비잔틴 제국의 중심지였다.

오스만 제국의 전성기를 이루었던 슐레이만(Suleiman) 왕은 그 영토를 오스트리아의 비엔나(Vienna, Austria)로부터 홍해까지, 페르시아만(Persian Gulf)으로부터 알제리(Algeria)까지 확장시켜 서구 유럽을 위협했다. 그러나 1923년에 오스만 제국의 장군인 무스타파 케말 아타투르크(Gen. Kemal Ataturk)가 오스만 왕국의 멸망 후 10월 29일 현재의 터키공화국을 건국시키고 수도를 앙카라로 옮겼으며 그후 초대 대통령이 되었다.

현재 터키 공화국은 1961년에 통과된 헌법에 의하여 민주공화국으로서 내각제 정치체제에 의회정부 형태를 가지고 있으며, 국가의 상징적인 대통령은 현재 슐레만 데미렐(Süleyman Demirel)이며, 정치적 실권을 쥐고 있는 국무총리는 불렌트 에제우트(Bülent Eceuit)이다. 특히, 터키는 나토(NATO)에 가입된 반공 국가로서 미국의 우방이며, 한국과도 깊은 관계를 가지고 있다. 또한 북한과는 전혀 수교가 없으며 한 명도 입국이 허락되지 않는다. 한국전쟁 때 터키 군대는 16개국 참전국가 가운데 여섯 번째로 1만여 명의 군대를 파병하였고, 후퇴 없이 전진만 하는 터키 군대의 용맹은 여지없이 드러나 대한민국의 국기를 높이 들고 피 흘리며 싸우기까지 하여 마침내 태극기를 압록강가에 꽂고 돌아왔다.

▲ 터키 토로스산의 전경

터키의 영토는 78만km²로서 남한의 7.5배이며 미국의 텍사스(Texas) 주와 펜실베이니아(Pennsylvania) 주를 합한 면적이다. 인구는 6천5백만 명으로서 90%가 터키인이며 나머지는 쿠르드족(Kurds)과 약간의 소수 민족들이다. 터키의 국기는 빨간색 바탕에 한 개의 별과 초승달이 그려져 있는데 여기에서 두 가지 설이 전해지고 있다. 하나는 명실공히 터키 군대가 승승장구할 때, 어느 날 밤 어느 전선에서 한 병사가 밤새도록 싸우다가 지쳐서 잠을 자다가 깨어 보니 하늘의 초승달과 별 한 개가 보였기에 그것을 국기로 삼았다는 설이고, 또 다른 하나는 모슬렘 국가이기 때문에 국기에 초승달(풀러 신학교 피터 와그너 박사는 이 초승달이 달의 여신과 관계가 있다고 주장함)을 그려 넣었다는 설이다. 이 두 가지 설 가운데 어느 것이 정설인지는 확실치 않다.

터키의 특산물은 카펫, 대리석, 목화, 담배, 과류, 의류직물이며 지하자원은 석유, 석탄, 철강, 크롬산염 등으로 비교적 풍부하다.

국민총생산(GNP)은 1인당 2,500달러 정도이나 실제로는 5,000달러 정도 된다고 하며, 빈부의 차가 심하다. 현재 미화 1달러에 36만 리라(Turkish lira)이다.

종교는 전 국민의 98%가 회교도이며, 그 다음은 동방 정교회와 로마 가톨릭이며, 그리고 약간의 프로테스탄트가 있다. 특히 그들의 국민성은 오스만 황제의 후예들이라는 자존심 때문에 '구걸' 하는 것을 부끄럽게 생각하고, 가난하고 배가 고파도 '체면' 때문에 참고 견디며, 또 어렵고 굶주려도 "이것은 알라의 뜻이다."라며 고난을 감수한다. 그들은 인간은 신의 종으로서 창조되었는데 일생에 다섯 가지 계명을 충실히 준행하면 영원한 희락과 일부다처제, 그리고 모든 육체적 욕구가 완전히 충족되어 있는 곳인 낙원(이슬람교도들이 말하는 곳)으로 가게 된다고 믿고 있다.

모슬렘의 주요 신앙관은 첫째, 참 유일신 알라와 그의 마지막 예언자인 마호메트를 인정해야 하고, 둘째, 하루 5회씩 메카를 향하여 일어섰다가 앉고 엎드리는 이슬람식 기도를 해야 하며(극빈자는 제외), 셋째, 일 년에 한 번, 한 달 동안의 금식(Ramadan)을 해야 하고, 넷째, 거지와 극빈자를 구제해야 하고, 매년 '사십일조(수입의 1/40)'를 사원(Mosque)에 바쳐야 하며, 마지막으로, 모슬렘은 성지인 메카를 순례해야 한다고 믿고 있다. 또 모슬렘들은 예수를 가리켜 모세와 다윗의 뒤를 이어 오신 선지자 중의 한 사람으로 믿고 있으며, 예수의 복음은 신으로부터 주어진 '직접계시'이며 오직 그의 시대에만 '신탁'으로서 의미가 있었다고 주장한다. 또한 7세기에 마호메트가 출현함으로 예수의 계시는 폐기 혹은 완전히 대체되었다고 하며, 그들은 예수가 십자가에 처형된 것이 아니라 다른 사람이 예수 대신 십자가에 못박혔다고 하며, 생존시에 영혼이 분리되어 승천하였다고 주장한다. 그리고 장차 예수가 다메섹에 강림해서 "나는 모슬렘이다!"라고 선포한 뒤 일반인들과 같이 결혼하여 자식들과 함께 살다가 죽게 될 것이라고 믿고 있다.

우리는 이러한 영적 불모지인 복음이 닫혀진 암흑의 나라, 그리고 세계에서 가장 적은 숫자인 약 150만 명당 한 명꼴의 선교사(현재 약 450명의 선교사가 있음), 1802년부터 시작한 순교자가 있는 터키 땅에 1820년부터 뿌려진 해외 선교사들의 복음의 씨앗들이 머지않아 이곳 소아시아 땅에 서서히 뿌리가 내려져 분명히 21세기에는 복음의 열매와 선교의 꽃이 피어질 줄 믿는다. 더 나아가서, 지난 13세기에 모슬렘 영혼들을 위해 최초로 순교한 레이먼드 룰 (Raymond Rull) 선교사님의 뜨거운 사랑의 기도가 응답될 줄 믿는다. 그 선교사님은 이렇게 기도하며 순교의 피를 흘렸다.

"오, 주여! 이 거룩한 땅을 정복하실 이는 오직 당신밖에 없으시며, 또 당신의 제자들이 이 일을 성취해 가기 위해서는 사랑과 기도와 눈물과 자신의 온 생명을 다 바쳐 감당하는 길밖에 결코 다른 길이 없다고 믿나이다."

오, 이스탄불이여!(O, Istanbul!)

우리 성지 순례단의 첫 도착지는 이스탄불(Istanbul)이었다. 이곳에 도착하자마자 명예단장 현인덕 목사님은, "오, 이스탄불에 도착하게 하신 하나님께 감사드립니다. '99년도를 아름답게 장식하며 21세기를 준비할 수 있도록 복 주옵소서. 앞으로 모든 일정을 지키고 보호해 주옵소서. 우리 모두가 한마음 한뜻이 되게 하옵소서." 라고 하면서 도착 감사기도를 드렸다.

이곳 이스탄불에 도착하니 필자의 신학교 후배인 키가 좀 작으면서도 야무지게 생긴 조용성 선교사님께서 일행을 반갑게 환영해 주었다. 조 목사님은 자기 자신을, "저는 총신대학교 신대원(M. Div.)을 졸업하고 터키 마르마라 대학교(University of Marmara in Turkey)에서 역사학 석사(M. A.) 과정을 마친 후 현재 박사과정을 밟고 있습니다. 이스탄불 한인교회 초대 목사이며, 터키 지역에서 12년째 중동선교 사역중에 있습니다."라고 소개할 때 뜨거운 박수로 인사를 나누며 환영하였다.

이곳 이스탄불은 어떠한 도시인가?

이스탄불(Istanbul)은 '이슬람의 도시(City of Islam)'라는 뜻으로 추측되며, 당대 전 세계를 지배했던 3대 제국인 비잔틴(Byzantine) 제국, 로마(Rome) 제국, 오스만(Ottoman) 제국의 수도였다. 이곳 이스탄불의 최초의 이름인 비잔티움(Byzantium)은 비자스(Byzas)에 의해 설립되었으며 B.C. 667년에 아크로폴리스(Acropolis)에 거주지를 만들었다.

A.D. 196년에 로마 황제에 의해 이 도시는 점령되었다. A.D. 306년에 로마의 콘스탄틴(Constantine)은 아버지인 황제가 사망하자 왕위 다툼에 휘말려 정적 막젠티우스(Maxentius)와 로마에서 전쟁을 벌였으나 전세가 자신에게 불리해지자, 전쟁에서 이기면 기독교인이 되리라고 맹세하고 꿈에 본 십자가를 가지고 전쟁에 임해 승리하였다. 그후 그는 기독교인이 되고 A.D. 313년에 밀라노 칙령(The Edict of Milano)을 선포하여 모든 기독교인들에게 신앙의 자유를 주었다. 그는 수도를 로마에서 비잔티움으로 옮기고 이곳에서 새 로마를 건설하였다. 그후 이 도시는 콘스탄틴 황제가 세운 도시라고 하여 콘스탄티노플(Constantinople)로 명명되었다.

A.D. 1453년, 이 콘스탄티노플은 오스만 제국의 황제 메흐메트 2세(Mehmet Ⅱ)에게 멸망당하고 도시 명칭도 '이스탄불'로 바뀌게 되었다. 정복자 메흐메트 2세는 자기의 이름을 딴 '정복자 모스크(Mosque of the Conqueror : Fatih Cami)'라는 거대한 사원을 중심으로 하여 수많은 왕국의 유적들을 세우면서 480년 동안 지배하였다.

이스탄불은 유동인구를 포함하여 1,200만 명이 살고 있으며 터키의 도시 중 가장 인구밀도가 높은 제1의 도시이다. 이 도시는 유럽과 아시아의 두 대륙을 연결하는 세계 유일의 도시로서 물의 화환에 둘러싸여 있는 곳이며, 지중해와 흑해를 잇는 마르마라(Marmara) 바다에서 바라보는 이스탄불은 수많은 사원들과 첨탑, 그리고 현대적인 감각의 마천루가 은은한 잿빛 하늘과 조화를 잘 이루면서 아름다운 환상적인 관광의 도시로 빛나고 있다. 그래서 프랑스의 작가 길리우스(Gillius)는 "다른 나라의 도시들은 그 생명이 유한해도 이스탄불만큼은 지구상에 인류가 살고 있는 한 언제까지나 살아 있는 도시가 될 것 같다."라는 찬탄의 말을 남겼다. 이스탄불은 중국 베이징에서 시작되는 실크로드(Silk Road, 비단길)의 종착지로서 무역과 상업의 도시이다.

현재, 이 도시의 구석구석에는 수많은 코카콜라, 펩시콜라 사인(sign)과 LG, 삼성전자, 현대자동차의 간판들이 눈에 띄고 있다. 이곳은 현지인을 포함하여 60여 명 정도 모이는 이스탄불 한인교회 한 곳과 한국인이 경영하는 서울식당과 한사랑식당이 있어 한인 관광객들에게 편리를 제공해 주고 있다.

성 소피아 교회(St. Sophia Church)

　천주교에서는 '성당(Sanctuary)'으로, 모슬렘에서는 '사원(Temple)'으로, 개신교에서는 '교회(Church)'라고 불리는 성 소피아 교회는 세계의 건축사상 가장 뛰어난 작품 중의 하나로 평가받고 있으며, 세계에서 성 베드로, 성 밀라노, 성 바울 성당 다음으로 네 번째로 손꼽힌다.

　성 소피아(St. Sophia)란 '신의 지혜(Divine Wisdom)'라고 하여 곧 하나님의 말씀을 의미하고 있다. 성 소피아 교회는 A.D. 532년부터 537년까지의 짧은 기간 동안 수학자와 건축가인 안테미우스(Anthemieus of Tralles)와 이시도루스(Isidorus of Milet)가 지어 주스티니안(Justinian) 황제에게 봉헌되어졌다.

　이 교회는 황금 90톤이라는 막대한 비용을 들여 15층 높이의 높은 중앙 둥근 지붕(Dome, 직경 30m와 높이 56m)과 보통 돔이 있어서 세계에서 가장 뛰어난 비잔틴 건축양식의 표본이라 할 수 있다. 40여 개의 대형 창문을 통해 빛이 들어오도록 설계된 회교 건축

양식과 초기 기독교적인 성화가 공존되어 있어 기독교와 이슬람의 문화를 동시에 바라볼 수 있는 곳이기도 하다.

이 교회는 A.D. 537년부터 1453년까지 비잔틴 제국의 기독교 신앙의 중심적인 역할을 담당하였고, 1453년 오스만 터키의 콘스탄티노플 점령 이후 회교사원으로 개조되어 500여 년 동안 사용되었다. 1935년 터키 공화국의 초대 대통령 아타투르크는 유서 깊은 이 건물을 박물관으로 보존할 것을 결정하여 종교적인 의식을 금지시켰다.

(1) 모자이크 벽화들

현재 성 소피아 교회 안에는 여러 가지 모자이크 벽화들이 많이 자리하고 있다.

① 예수에 의한 신성화 성화(Consecration by Jesus)
이 벽화는 교회당 현관으로부터 본당까지의 긴 복도 안쪽으로 들어가는 문 위에 예수 그리스도의 초상이 매우 웅장하게 모자이크로 되어 있다. 이 벽화 속에 나타난 예수님의 모습은 매우 아름답고 존엄하다. 머리에는 후광이 비치고 왼손으로는 성경을 잡고 있으며 축복하는 오른쪽 손가락의 표현과 함께 얼굴은 영적인 모습을 하고 있다. 머리카락은 정교한 솜씨로 머리의 중앙에서 두 부분으로 나뉘어졌고, 그리고 예수님의 머리 오른쪽 약간 위에는 '예수'를 의미하는 약자와 왼쪽에는 그리스도의 이름 중 하나(XC)가 기록되어 있다.

② 아기 예수와 마리아 성화(Mary with Baby Jesus)
이 벽화는 2층 오른쪽에 있는 것으로서 아기 예수를 안고 있는 성모 마리아의 모습이 가운데 있고, 양쪽으로는 돈주머니를 손에 들고 있는 코메네스 2세(Comaenaus Ⅱ)와 그의 왕후 에레네(Irene)가 비잔틴 제국의 국가 재정에 관한 두루마리를 들고 있는 모습이 있다.

③ 아기 예수와 성경 성화(Baby Jesus and Bible)
하나님의 말씀인 성경을 가지고 성삼위일체를 의미하는 손 모양을 하고 있는 예수 그리스도가 그려져 있고 양 옆에는 콘스탄틴 9세와 그 왕후인 죠(Zoe)의 모습이 있다.

④ 예수 그리스도, 마리아, 세례 요한 성화(Jesus Christ, Mary and John the Baptist)
이 벽화는 A.D. 843년에 제작된 성화로서 비잔틴 시대의 예술품 중에 가장 뛰어나며, 르네상스 문화의 전형적인 본보기이다. 이 그

▲ 아기 예수와 마리아 성화

림에서 성모 마리아와 세례 요한이 그리스도께 애원하는 자세로 몸을 숙이고 있는데 이것은 전 인류의 구원을 상징하는 것이기도 하다.

⑤ 예수와 그의 조상들 성화(Jesus and His Ancestors)
이 벽화의 오른쪽 부분은 조상들에게 둘러싸인 예수가 왼손에는 성경을 들고 오른손은 가슴까지 올려서 펴고 축복하는 모습이고, 다른 부분에는 예수의 초기 조상들, 즉 아담에서 야곱에 이르기까지가 윗 부분에 표현되어 있고, 바로 아래 부분에는 야곱의 자녀들이 그려져 있다.

⑥ 동정녀의 죽음 성화(The Death of the Virgin)
이 벽화는 교회당 입구 문 위 조각을 세워 놓은 곳에 위치해 있는데, 동정녀의 죽음을 나타낸 장면이다. 마리아는 관에 누워 있고, 그녀의 양쪽에는 제자들과 고위 성직자들과 신탁을 위한 선지자들이 서 있다. 제자들 중 한 사람은 줄이 달린 긴 향로를 손에 들고 있고, 반대편에 있는 이들은 허리를 숙이고 깊은 슬픔에 잠겨 있으며, 뒤쪽에는 후광 속에 한 아이를 손에 안고 계신 예수의 모습이 있다.

⑦ 천사가 동정녀를 부양하는 성화(The Feeding of the Virgin by an Angel)
이 벽화는 천사에 의해 부양받는 동정녀의 모습이다. 마리아는 네 개의 기둥으로 된 거룩한 장소의 왕좌에 앉아 있고, 하늘로부터 내려온 천사가 손에 빵 조각을 들고 있는 모습이다.

이 교회당 안에 있는 크고 작은 성화들은 기독교에 직접, 간접적으로 많은 영향을 미쳤다는 사실을 그 아무도 부인할 수 없다. 그러나 이 성화들은 원래의 목적에서 이탈되어 마침내 성상 숭배의 대상이 되기에까지 이르는 불행한 결과를 낳게 되었다.

7세기 전만 하더라도 서양의 로마 가톨릭 교회(Roman Catholic Church)와 동양의 헬라 정교회(Greek Orthodox Church)는 그리스도, 사도들, 성자들과 순교자들의 초상이나 화상을 교회당 안에 많이 걸어 놓았다. 이것들의 목적은 기독교 진리를 잘 깨닫지 못하는 사람들이 알기 쉽게 진리를 이해할 수 있도록 하기 위함이었지, 결코 숭배 대상이 아니었다. 그러나 시간이 갈수록 이 성상들은 숭배의 대상이 되었고, 후에는 예배의 대상에까지 이르게 되었다. 이때 레오(Leo) 황제는 성상 철거에 대한 칙령을 내렸고, 이로 인해 성상 숭배에 대한 찬반 논쟁이 일기 시작했다. 이에 동방교회는 성상 숭배를 반대하였고, 서방교회는 찬성하여 마침내 동서 교회가 두 개로 갈라지는 결정적인 요인이 되었다.

다음은 기독교 교리사에 가장 중요한 것으로서 레오 황제의 성상 철거 투쟁과 정국의 변화는 마침내 칼케돈(Chalcedon) 회의 때 삼위일체 교리를 재정립하여 낳게 하는 중요한 계기가 되었다.

325년 제1차 니캐아(Nicaea) 세계 종교회의에서 안디옥 학파 아리우스(Arius)는 성부와 성자의 관계는 유사(Homoiousios=Like Substance)한 것이라며 그리스도의 신성을 부인했고, 알렉산드리아 학파 아타나시오스(Athanasios)는 동등(Homoousios=One Substance)함, 즉 "그리스도는 하나님으로부터의 하나님(God of God)이시고, 로고스요, 지혜요, 아들이시며 하나님의 능력이시므로 성경에는 한 하나님이다."라는 신성 단일성의 삼위일체 교리를 확립시켰다.

이후 381년 제1차 콘스탄티노플 세계 종교회의에서 성자의 이성

(二性)교리 논쟁과 431년 제3차 에베소 세계 종교회의 때 성자의 인격교리 논쟁이 뜨겁게 펼쳐지고 있는 가운데 451년 제4차 칼케돈 세계 종교회의는 기독교 역사의 가장 큰 분기점이 되는 모임이었다. 약 600여 명의 감독들이 모인 가운데 "예수 그리스도의 신성과 인성은 완전하며 그의 신성은 성부와 같고, 인성은 우리와 같으나 죄가 없으며, 동정녀의 몸에서 탄생하였고, 양성(兩性)으로 혼합되거나 변할 수 없다."라고 하면서 삼위일체 교리를 명백히 재확인하여 선포하였다.

정말, 니캐아 회의를 재확인한 칼케돈 회의는 세계 역사상 최대의 사건 중의 하나였다. 그것은 단지 하나의 교리와 교리의 싸움이 아니라 기독교와 비슷한 기독교이지만 결코 기독교가 아닌 유사한 것들과의 싸움이요 영적 대전쟁이었기 때문이다.

우리 순례단원 일행은 이곳 삼위일체교리의 현장에 와서 다시 한 번 가슴 뭉클함을 느끼면서 새롭게 삼위일체 교리의 중요성을 깨닫고 앞으로 21세기를 향하여 범람하는 비진리들과 사이비 종파들에 대항하기 위하여 재무장할 수 있는 기회를 가졌다.

(2) 성 소피아 교회와 요한 크리소스톰

요한 크리소스톰(John Chrysostom)은 347년 안디옥에서 출생하였는데 그의 아버지는 유명한 장군이었고, 어머니는 훌륭한 신앙인 안투사(Anthusa)였다. 그의 이름은 "황금의 입"이

▲ 성 소피아 교회의 내부 전경

라는 뜻을 가지고 있었다. 청년 크리소스톰은 법학을 공부하여 출세하려는 욕망 속에서 당시 유명한 수사학자인 리바니우스(Libanius)에게서 문학을 배웠고, 잠시 수사학자와 변호사로도 일했다. 그러나 안디옥 감독인 멜리티우스(Melitius)에게 신학을 배운 후 세례를 받고 수도생활을 하면서 훌륭한 신앙과 경건생활을 체험하였다. 380년 안디옥에서 장로를 거쳐 398년 안디옥 감독이 되었고 이후 397년 콘스탄티노플의 대주교가 되어 이곳 성 소피아 교회에서 8년간 목회하였다.

요한 크리소스톰의 목회철학은 어떠하였는가? 한 마디로 성경, 설교, 청빈, 근면이었다.

첫째, 크리소스톰의 신학 공헌은 설교사역보다는 약하지만 특별히 그는 아리우스에 맞서 싸우면서 니캐아 전통 위에 확고히 서 있었다. 그는 마리아를 '데오토코스(Theotokos, 하나님을 낳은 자)'라 부르는 것을 강력히 부인하였다.

둘째, 크리소스톰은 성경을 기초로 한 초대교회가 낳은 가장 위대한 명설교가였다. 그의 설교는 성경을 기초로 하여 매우 직설적이고 강렬하면서 단순할 뿐 아니라, 교리적인 것보다는 도덕적이고 영적이었다. 또한 안디옥의 전통에 따라 우화적인 해석보다는 문법적이고 문자적인 해석을 추구하였다. 그는 천부적인 말재주를 타고 났으며, 36세 때부터 안디옥의 제일 큰 교회에서 설교하기 시작했고, 이곳에서 12년 강해설교를 하면서 창세기를 67회, 마태복음을 90회, 요한복음을 88회, 로마서를 32회, 고린도후서는 74회나 강해했다. 그리고 현재 남아 있는 것만도 6백여 편에 이르고 있다. 어느 전기작가는, "그는 자기가 믿는 바를 설교하고, 성경에서 말하는 바를 설교하고, 성경에서 금하는 바를 정죄하고, 또한 성경에서 명하는 바를 권장하였다."라고 말하였으며, 또한 "겸손한 설교가로서 온갖 은사와 인기에도 불구하고 크리소스톰은 자신의 설교사역에 대하여 자만하지 않았다. 그는 나의 사역은 흙탕물이 끊임없이 흐르고 있는 땅의 한 구획을 깨끗이 청소하려고 하는 사람의 일과 같다."라고 말했다.

셋째, 크리소스톰은 신학 논쟁을 일삼기보다는 실천적인 목회자요, 전도자였다. 그는 금욕적인 생활을 강조하면서 개혁에 힘썼고, 문란하고 사치스러운 사회 풍습에 대해 강하게 공격하였다. 당시 데오도시우스 황제의 미망인인 황태후를 공격하다가 노여움을 사서 추방당하기도 하였다. 그러나 그는 귀양을 가서도 그곳에서 교회 신도들을 가르쳤고, 방황하고 있는 스키타이인(Scythians)들에게도 전도사업을 펼쳤다.

어느 전기작가는 "그는 편협한 독단설과 격분한 논쟁을 피하고 실행이 없는 정통설보다 실제로 경건한 생활을 더 강조하였다."라고 기록하고 있다.

넷째, 크리소스톰은 청빈 속에서 스스로 자신을 낮추는 목회자였다. 그는 소피아 교회에서 목회할 때, 성도들의 좌석과 목회자의 강단 사이에 높고 낮은 차이를 거의 두지 않았다. 왜냐하면 목회자 자신도 양 무리 가운데 하나로 생각했기 때문이다. 그래서 그는 말씀을 증거할 때에는 강단에서 전하다가 마치면 곧 성도들의 좌석으로 내려가서 같이 앉아 예배를 드렸다. 현재, 그 당시 성 소피아 교회당 안에 있는 실내 좌석과 강단의 차이가 거의 없는 것을 눈으로 확인할 수 있었다.

이곳 현장에 온 순례단원은 동방 교부의 한 사람이며 성 소피아 교회에서 오직 말씀 중심으로 청빈과 겸허 속에 목양한 크리소스톰의 위대한 목회관에 머리를 숙였다. 그리고 조용성 선교사가 이어서 "주님! 이 교회에서 목회한 크리소스톰의 겸허한 자세와 이 교회를 통하여 시대 시대마다 들려주신 하나님의 음성을 듣게 하옵소서.……" 하면서 기도 인도를 하였다.

　오늘 하루의 순례 일정을 마치고 마지막 순서로 가야 할 곳은 즐거운 서울식당이었다. 이 곳에 도착한 46명의 순례단원들은 비행기를 타고 난 뒤 두 시간 후 세상을 떠난 한 성도님의 슬픈 소식을 들은 리치먼드 한인침례교회를 담임하시는 유병학 목사님의 다음과 같은 기도로 저녁 식탁에 앉았다.

　"오 하나님이여, 여호와의 말씀이 없어 기갈을 당한 이 시대에 성지 순례를 통하여 말씀으로 성령으로 충만케 하옵소서. 그리고 슬픔을 당한 성도님의 가정을 위로해 주시고, 복 주옵소서. 오늘 주신 일용할 양식을 통하여 영육간에 건강케 하옵소서……." 기도를 마친 후 맛있게 한국음식을 즐겼다. 저녁식사 후 일행은 터키에서 최고급 호텔을 상징하는 별 5개가 달린 이스탄불 프린스 호텔(Istanbul Prince Hotel)에서 여장을 풀었다.

제4장

칼이냐? 코란이냐?

▲ 톱카프 궁전 입구

셋째날(Third Day)

    1999년 3월 17일 수요일 오전 8시. 순례단은 오늘 하루의 순례길을 위하여 먼저 하나님께 출발 기도회를 드렸다.
    필자의 인도로 시작하여 찬송가 434장을 부른 후, 시편 84편 7~8절 말씀을 봉독했다.
    "저희는 힘을 얻고 더 얻어 나아가 시온에서 하나님 앞에 각기 나타나리이다 만군의 하나님 여호와여 내 기도를 들으소서 야곱의 하나님이여 귀를 기울이소서(셀라) 아멘"
    이어서 필라델피아 갈보리 한인침례교회 담임 이광영 목사님께서 "오늘 하루의 삶을 주신 살아 계신 하나님께 감사드립니다. 오늘 순례의 일정에 복 주셔서 기쁨과 감사로, 건강으로 인도해 주옵시고, 발걸음 하나 하나 위에 주님께서 동행하여 주옵소서……" 하면서 출발기도 인도로 폐회하였다.

돌마바체 궁전(Dolma Bahce Saray)

　오늘 첫 순례지는 그 유명하고 화려한 돌마바체 궁전이었다. 돌마바체란 "가득한 정원"이라는 뜻으로서 아름답기 그지없는 보스보러스 해변가에 위치하고 있는 찬란한 궁전을 말한다. 이 궁전은 1843년부터 1856년까지 압둘메짙(Abdulmezit) 1세에 의해서 르네상스 스타일로 세워졌는데, 1876년까지 오스만 제국의 공식적인 왕의 궁전으로 사용되었다. 이후 터키의 국부 아타튜르크가 이곳에서 터키의 첫 의회를 개최하였다.

　돌마바체 궁전의 건축은 건축가 빌리안의 계획에 따라 지어졌는데 방이 285개, 홀이 43개, 화병이 280개, 시계가 156개, 크리스탈 촛대가 58개, 발코니가 6개, 대리석으로 만들어진 4평짜리의 온탕, 냉탕으로 된 목욕탕이 6개, 긴 복도에 진열된 오스만 황제 때의 전쟁그림이 21개, 프랑스에서 특별히 만든 대형 등이 1개, 20평 정도의 왕의 침실과 의자가 12개 있다. 그리고 이탈리아 화가들이 직접 그린 천장의 벽화들은 정말 아름답고 화려했다. 이 궁전의 앞뜰에는 100년이 지나도 썩지 않고 향을 낸다는 레바논의 백향목들이 나란히 심기어 있었다.

우리 순례단은 이곳에 앉아 저 망망한 바다를 바라보며 단체 기념촬영을 하였다. 그리고 제각기 여기저기 향기로운 정원 주위에서 개인 기념촬영을 하느라고 정신없이 분주하였다. 또 정문 앞 입구에는 터키 경비원 군인 한 명이 오른손에 큰 총을 들고 문을 굳게 지키고 있었는데 그 모습은 눈 하나 깜짝하지 않는 100% 부동자세여서 마치 언덕 위에 서 있는 동상과 같았다. 일행은 그의 모습을 바라보며 감탄해 마지 않았다.

로마 성벽

　로마 성벽은 A.D. 5세기 데오도시우스(Theodosius) 2세의 통치 당시에 건축되었는데 마르마라(Marmara) 바다에서 골든 혼(Golden Horn)까지 연결되어 있고, 길이는 6.5km로서 내부 방어벽, 외벽, 그리고 해자로 되어 있어서 적들로부터 천 년 이상 지켜왔을 뿐만 아니라 중세 유럽의 역사에도 많은 영향을 끼쳤다.
　현재 이 성벽들은 황폐해졌으나 시내 군데군데 거리와 언덕을 따라 늘어선 탑들과 흉벽들은 아직도 남아 있어 지나가는 순례 일행에게 아주 인상적인 모습을 보여 주고 있었다.

블루 모스크(Blue Mosque)

이 사원은 터키어로는 '술탄 아흐멧 모스크(Sultan Ahmet Mosque)'라고 하며, 그 뜻은 "푸른 사원"이다. 이것은 1609년부터 1616년 사이에 술탄 아흐멧 1세의 명령으로 유명한 건축가 메흐메트 아가(Mehmet Aga)에 의해 건축되었다. 이 건물은 세계 유일의 6개의 첨탑을 가지고 있는 회교 사원으로 그 내부의 위쪽 벽을 뒤덮고 있는 푸른 색상의 타일 장식과 중앙 돔으로부터 나있는 260개의 창문에서 들어오는 빛이 어우러져 말로 표현할 수 없는 황홀한 장관을 연출해 내고 있는데, 이로 인하여 이곳은 "블루 모스크"라는 애칭을 갖게 되었다.

특별히 6개 탑을 세울 때에 재정적인 어려움이 있었는데 전설에 의하면 아흐멧 1세가 메카로 떠나기 전에 건축가에게 황금으로 된 첨탑을 세울 것을 명령했으나 당시 재정적인 형편상 불가능하다고 판단한 재치 있는 건축가는 꾀를 내어 터키어로 '금(Gold)'은 알틴(Altin)이고, '여섯'은 알트(Altt)이므로 명령에 일치시킨다는 뜻으로 6개의 돌 첨탑을 세웠다고 한다.

이곳은 역대 왕들이 종교적인 중요한 선언을 할 때에나 종교 휴일과 축제 때에 사용되었고, 메카를 향하여 순례할 때에 첫 출발지로도 사용되었다. 또 이곳 실내 안에는 기도하는 처소가 각각 있어서 오늘날에도 매주 금요일이면 8,000~10,000여 명의 이슬람교도들이 모여서 금요기도회를 하고 있다고 한다. 사원 정문 앞에서 한 터키 소년은 지나가는 순례 일행을 향하여 "십불!" "십불!" 하면서 큰 소리로 외치고 있었다.

▲ 블루 모스크 앞에서

톱카프 궁전(TopKapi Saray)

톱카프 궁전은 1478년에 완공된 것으로 역대 25명의 왕들이 이곳에 거주하면서 1853년 새 궁전으로 옮기기까지 오스만 터키 제국 통치의 사령부로서 역사적인 중요성을 간직한 채 현재까지 보존되어온 건물이다. 비잔틴 시대의 해안 성벽으로부터 뻗쳐 있고, 무장이 단단히 되어 있는 5km 성벽에 의해 둘러싸여 있으므로 '톱카프(대포문)'라고 불리게 되었다. 이곳은 궁정, 정자, 사원, 그리고 우물의 복합체로 크게 4지역으로 나뉘어져 있으며, 그 안에는 왕족의 소유였던 도자기, 크리스탈, 보석, 무기, 원고, 시계, 서예품, 그리고 수많은 예술품들이 소장되어 있다.

궁전의 정문 입구에 있는 두 기둥의 중앙에는 터키어로, 양쪽에는 아람어로 "알라는 메시아이다"라는 글씨가 크게 적혀 있고, 들어가는 정문 앞의 500m 정도의 대로는 로마시대의 돌로 견고하게 잘 포장되어 있었다. 그때 몇몇 일행들은, "자! 로마로 갑시다."라고 외치면서 이 길 위로 힘차게 걸어갔다. 현재 이곳은 1924년에 박물관으로 개조되어 일반인들에게 공개되고 있다.

(1) 세례 요한의 팔과 두개골

이곳에는 세례 요한의 실제 팔과 두개골이 안장되어 있으며, 옆에는 영문으로 "The hand on occipital bone of St. John the Baptist"라고 씌어 있었다. 세례 요한의 손을 보니 넷째 손가락은 잘라졌으며, 두개골은 금으로 칠해져 있었다. 그리고 필자의 손을 가까이 가서 재어 보니 거의 같은 길이였다. 그런데 이것은 본래 예루살렘 박물관에 소장되어 있었는데 다시 이곳으로 옮겨졌고, 언제, 어떤 과정을 통해서 오게 되었는지는 알 수 없다고 한다.

(2) 도자기실

이곳에 있는 수많은 도자기들은 실크 로드(3세기에 중국의 베이징에서 이스탄불까지 연결되는 고대의 무역로로 중국인들은 비단을 유럽에 가져가서 팔고, 올 때에는 보석 등 유럽의 물건들을 구입해서 가져왔다)를 통해 각 지역, 시대, 지방에서 구입한 것들로 아름답게 잘 진열되어 있었다. 크고 작은 수천 개의 도자기들을 구경하는 동안 어느 단원이 "왜 여기에는 한국 도자기가 없느냐?"라고 중얼거리자 다른 한 단원도 "예, 미안합니다. 여기에는 없습니다."라며 맞장구를 치기도 했다. 또 어떤 분은 "조 선교사님, 저는 비단길이 있는 곳을 꼭 가봐야 되겠습니다." 하면서 억척을 부렸다.

(3) 외국사절 접견실

이 접견실은 외국의 사절단이나 귀빈들이 올 때에 휴식을 제공하는 곳으로서 특별히 방 주위에는 금, 은, 보석으로 가득했다. 우리 일행이 이곳에 도착하자마자 조 선교사님은 "자, 여러분 이곳은 설명이 필요없습니다. 금, 은, 보석들을 마음껏 보십시오!" 하고 외쳤다. 아닌게아니라 정말, 동서남북으로 금, 은, 다이아몬드로 된 칼, 부채, 의자, 목걸이, 반지, 주전자, 박스, 촛대, 큰 그릇, 작은 그릇들이 가득 진열되어 있었다. 특히 황금 촛대(Golden Candlestick, 1839~1861)는 48kg이나 되었는데 그 높이는 필자의 키만큼 높았다.

(4) 코란경 열람실

이곳은 초기 14세기경 기록된 코란경들이 진열된 열람실이다. 이 방에 들어서자마자 우리는 어느 한 이만(아람어로 선생, 랍비, 목사와 같은 직분자)이 작은 골방 같은 곳에 앉아서 열심히 큰 소리로 코란경을 읽는 요란한 소리를 들을 수 있었다. 그 이만은 코란경을 읽을 때마다 안경 너머로 우리 순례단을 힐끗힐끗 쳐다보면서 더욱 큰 소리로 코란경을 읽었다. 많은 일행들은 이 광경을 기록에 남기기 위해 녹음하기도 하고 사진기와 비디오로 촬영하기도 했다.

이곳을 구경하고 밖으로 나와서 그룹별로 기념촬영을 하려고 할 때, 터키 청년 한 명이 뛰어와서 자기는 유미트(Mr. Yumicht)라고 하면서, "사랑합니다!" "불고기!"라고 한국말로 외쳤다. 또 우리 일행의 터키 안내자 아틸라(Mr. Atilla)가 사진을 찍어줄 때, "하나, 둘, 셋 — 김치" 하면서 기념사진 촬영을 해주었다.

이렇게 하여 톱카프 궁전 구경을 다 끝내고 돌아온 순례단 일행은 이제 출발하기 위해 관광버스에 올라탔다. 그런데 한 가지 큰 문제가 발생하였다. 3명의 단원들이 보이지 않는 것이었다. 그때 조선교사님이 "자, 아직까지 길을 찾지 못하고 돌아오지 않는 잃어버린 세 마리의 양들을 어떻게 할까요?" 하고 말하자, "꼭 기다려야 됩니다!" "아휴, 그냥 갑시다!" "차가 떠나면 뛰어올 겁니다!" "벌칙을 정합시다!" 하면서 웅성거렸다. 15분이 지난 뒤에야 잃은 양들이 나타나서 모두 다 안심을 하였다. 이를 계기로, 이 시간부터 지각생들에게는 15달러 벌금을 내게 하기로 하였다.

▲ 톱카프 궁전 뜰에서

그랜드 바자 (Grand Bazaar)

　바자(Bazaar)란 아랍말로 '시장'이라는 의미를 가지고 있다. 이곳 그랜드 바자는 동서양의 다양한 각종 상품들이 한데 모아져 서로 교환하고 사고 파는 중동 최대의 시장으로서 현재 약 5,000여 개의 상점들이 한 지붕 아래 밀집되어 있다.
　모처럼 즐거운 자유 쇼핑 시간이 되어서 모두들 들떠 있었는데 염려가 되었던지 안내 담당 조용성 선교사님이 몇 가지 특별 주의사항을 들려 주었다. "첫째, 자유롭게 약 2시간 동안 쇼핑을 하시다가 꼭 2시 30분까지 10번 가게 앞으로 꼭 집합하십시오. 둘째, 남이 물건을 산다고 해서 따라서 사는 충동구매를 하지 마십시오. 셋째, 물건을 살 때에는 무조건 40%를 깎으십시오. 넷째, 과자나 콜라를 그냥 줄 때에는 절대로 받아 먹지 마십시오. 왜냐하면 그 안에 수면제가 있을 수 있기 때문입니다."
　잠시 후, 단원들은 두세 명씩 혹은 여럿이 삼삼오오 짝을 지어 여기저기 어디론가 다 흩어져 버렸다. 필자는 30분 뒤에 시장을 돌면서 단원들의 모습들을 살펴보았다. 어떤 분은 물건을 살 때 달러와 터키 돈의 계산이 잘 안 되어서 어쩔 줄 몰라하였고, 또 어떤 분은 군밤을 까먹다가 필자에게 먹으라고 주기도 하였으며, 어떤 분은 사지는 않고 여기저기 기웃거리며 아이 쇼핑(eye shopping)만 하였다. 어떤 터키 청년이 한 순례단원의 앞에 와서 명찰에 씌어 있는 'Abraham'이라는 영문 글씨를 보고는 "I'm George Washington!"이라고 하면서 소리를 질렀다. 보석상에 가서 사모님께 선물을 사 준다고 열심히 이것저것 고르는 분도 있었고 선물로 목걸이를 사야 되겠다며 목걸이만을 찾는 분도 있었고, 자기 아들 선물만은 꼭 사야 된다면서 이 가게, 저 가게 뛰어다니는 분도 있었다. 또한 호박을 톱으로 자르고 있는 터키 상인들의 재미있는 모습도 보였고, 어느 길목에서 터키의 젊은 청년을 만났는데 자꾸 저 어두운 골목으로 유인하기에 뿌리치고 도망쳐 나온 분들도 있었고, 그리고 아예 피곤하여 버스 안에서 토끼잠을 자고 있는 분들도 더러 있었다.

이곳 바자에서 구경과 쇼핑을 마친 후, 관광버스를 타고 가는 중, 필자는 잠시 혼자 생각해 보았다. 한때 이곳 이스탄불은 초기 기독교의 요람지였는데 어찌하여 이슬람교의 심장부가 되었을까? 그리고 가는 곳곳마다 우뚝 솟은 사원들과 탑들, 아람어와 터키어로 군데군데 적혀져 있는 "알라는 메시아다"라면서 찬양하는 문구들과, "칼이냐? 코란이냐?" 하면서 비장한 자세로 무장한 모슬렘들의 모습은 다시 한번 필자의 마음을 새롭게 각오하며 재무장하게 하는 자극제가 되었다.

잠시 후, 순례단 일행을 실은 버스는 한사랑식당을 향해 달렸다. 그곳에 도착하여 LA 한길감리교회 담임 유태엽 목사님의 식사기도가 있었다.

"하나님, 감사합니다. 오늘도 은혜 가운데 순례 일정을 마치고 육신의 양식을 먹게 하심을 감사드립니다. 이 음식을 통하여 피곤치 않게 하시며 건강히 지낼 수 있도록 은혜를 주옵소서.……" 감사기도를 드린 후 일행은 맛있는 김칫국과 반찬들로 즐거운 저녁식사를 하였다.

　식사를 마친 후, 우리 일행은 아타튜르크 국제공항(Atatück International Airport)에서 이스탄불 비행기(Istanbul Airlines)를 타고 터키 남쪽 아다나(Adana) 지역에 도착했다. 그리고 필라델피아 평화교회 담임 류인곤 목사님의 "하나님 아버지, 오늘도 하나님이 함께하셔서 무사히 이곳까지 도착하게 하시고 좋은 숙소를 주심을 감사합니다. 남은 여정 동안 주 안에서 지켜 주시고 건강케 하옵소서.……" 폐회기도가 있은 뒤 9시 30분에 별 네 개가 있는 슈루멜리 호텔(Sürmeli Hotel)에서 여장을 풀었다.

▲ 한사랑식당에서 식사하는 단원들

제5장

베드로 동굴교회

▲ 베드로 동굴교회의 정문

넷째날(Fourth Day)

　1999년 3월 18일 목요일 오전 8시 30분, 아침식사 후 버스 안에서 필자의 인도로 출발기도회가 시작되었다. 찬송가 424장을 다 함께 부른 후 오늘 순례해야 할 지역을 생각하면서 갈라디아서 1장 21~24절 말씀과 사도행전 13장 4~5절 말씀을 봉독했다.
　"그후에 내가 수리아와 길리기아 지방에 이르렀으나 유대에 그리스도 안에 있는 교회들이 나를 얼굴도 알지 못하고 다만 우리를 핍박하던 자가 전에 잔해하던 그 믿음을 지금 전한다 함을 듣고 나로 말미암아 영광을 하나님께 돌리니라"(갈 1 : 21~24).
　"두 사람이 성령의 보내심을 받아 실루기아에 내려가 거기서 배 타고 구브로에 가서 살라미에 이르러 하나님의 말씀을 유대인의 여러 회당에서 전할새 요한을 수종자로 두었더라"(행 13 : 4~5).
　이어서 필라델피아 불루벨교회 담임 신청기 목사님의 대표기도로 출발 기도회를 마쳤다. "아버지 하나님, 오늘 출발하는 발걸음 발걸음 위에 축복해 주셔서 사도 바울의 선교 현장을 통해서 새로운 은혜를 받고 힘을 얻게 하옵소서. 주님, 건강으로 지켜 주시고 안전케 하옵소서……."

아다나(Adana)

 아다나는 터키의 남부지역에 위치해 있으며 이스탄불, 앙카라(Ankara), 이즈미르(Izmir)에 이어 네 번째로 큰 도시이다. 이 도시는 B.C. 14세기경에 히타이트(Hittites)족이 거주했으며, 알렉산더 대제에 의해서 점령당했다가 이후 로마의 지배하에 있을 때, 로마군대가 쉬어 가는 곳이었다. 1516년에는 오스만 제국에 합병되었고, 1922년 제1차 세계 대전 때 프랑스군이 이곳을 점령했지만 여전히 역사적으로 가치 있는 유적들이 많이 있다.
 또 이 도시의 대표적 유적으로는, 선사시대부터 히타이트, 이슬람 시대에 걸쳐 유적들을 한 곳에 모아둔 박물관과 폭 12m, 길이 300m인 돌다리와 전통 예술품이 있는 민속 박물관을 들 수 있다. 이곳은 남부의 동맥으로 동쪽으로는 안디옥 지방과 서쪽으로는 다소와 안탈랴(Antalya) 지역으로 연결되는 주요도시이며, 밀농사와 목화재배, 과수업을 주로 한다. 그리고 양치는 일을 많이 하고 있어 지금도 여기저기 30~40마리의 양들을 몰고 가는 목동들의 모습이 보였다.
 특별히, 이 도시는 쿠르드(Kurds)족이 많이 살고 있고 모슬렘이 강한 도시여서 위험한 지역이며 선교하기가 매우 힘든 곳이다. 지난 1987년 미국의 한 선교사가 이곳에서 복음을 증거하다가 과격파 이슬람교도에게 총격을 당해 순교하기도 했다. "터키는 선교하기가 힘든 곳이다. 지구상에서 터키만큼 선교하기가 힘든 곳도 없지만 한편, 오늘날만큼 하나님이 선교를 위해 분명하게 일꾼을 부르신 때도 없었다."라고 1900년도에 학생 자원선교단 회의에서 로버트 스피어(Robert Speer)가 한 말이 오늘날에도 바로 이곳을 통하여 실감난다.

토로스 산 위에서
(Mt. Toros, Dörtyol)

　이곳은 안디옥에 가기 전에 이스켄더룸(Iskenderum) 도시 직전에 있는 작은 도시인 돌트욜(Dörtyol)이다. 토로스 정상에 있는 이 도시는 해발 900m나 되며, 산 위에는 눈이 하얗게 쌓여 있고, 4월이 지나야 눈이 녹아내린다. 현재는 쿠르드족이 많이 살고 있으며 고속도로 91번 선상에 위치하고 있다. 특별히 이곳은 알렉산더 대왕이 동방원정 때 이 산 중턱에서 잠시 쉬어 갔다고 해서 의미 있는 지역이다. 그래서 우리 순례단도 여기에서 잠시 휴식을 취하면서 기념촬영도 하고 구경을 하였다.
　양쪽 산 주위에는 수많은 레바논의 아름다운 백향목과 빽빽한 소나무들이 울창하게 심겨져 있고 거리에는 야자수들이 나란히 서 있었으며 계곡과 계곡 사이에는 옛날 한국의 시골집 같은 건물들이 꽉 차 있었다. 이곳에서 쉬고 있는 동안 일행들은 이 지방에서 유명하다는 터키 빵 가게인 페테크 피리니(Petek Firini) 상점에서 터키 빵을 사서 먹었는데 그 맛은 달지도 않으면서도 약간 맵고, 짜면서도 부담없이 부드럽게 먹을 수 있는 빵이었다. 일행들은 "야! 맛있다." 하면서 즐겁게 담소를 나누며 먹었고, 터키 귤은 맛이 너무 좋아 일단 껍질만 벗기면 샘솟듯이 단물이 솟아나서 정말 꿀맛 같은 기분이었다. 모든 일행들은 너무 맛이 좋다고 하면서 몇 개씩이나 먹었고, 필자도 다섯 개나 먹었다.

이곳에서 더욱더 중요한 교훈은, 일행들이 휴식하는 동안 읽은 사도행전 11장 25~26절 말씀이었다.

"바나바가 사울을 찾으러 다소에 가서 만나매 안디옥에 데리고 와서……" 즉, 바나바가 험악하고 높은 토로스 산을 넘어 햇빛이 강렬하게 내리쬐는 다소 평야를 지나 안디옥을 향하여 바울을 데리고 다시 이 산을 넘어갈 때 그 심정과 고통은 어떠했을까?

현재, 우리 일행들이 지나가며 서 있는 91번 고속도로 선상은 비록 그곳이 아니지만, 한 가지 분명한 것은 바울과 바나바가 이 지역을

▲ 토로스 정상에서

걸어갔을 것이라는 점이다. 우리들은 최신형 관광버스를 타고 맛있는 터키 빵과 귤을 까먹으면서 편안히 가는 우리 자신들의 모습을 바라볼 때, 바나바와 바울 사도님께 미안하기도 하고 왠지 모르게 가슴이 찡해지면서 부끄럽기만 하였다. 이때, 어느 분이 말하기를, "바나바와 바울은 이곳을 걸어갈 때 피땀을 흘리면서 걸어갔는데 한번 그곳을 찾아봅시다!" 라고 외쳤다.

하란(Haran)

　이곳은 터키 동남쪽에 있으며, 샨느울파(Sanliurfa)에서 남쪽 45km지점에 자리잡고 있다.
　이곳 하란 땅은 기독교, 유대교, 이슬람교도들이 모두 "믿음의 조상"으로 받아들이고 있는 아브라함의 고향이다. 하나님은 아브라함을 불러내심으로 죄악 속에 빠져 있는 인류역사의 대전환점을 계획하셨던 것이다.
　이 지역은 '밧단 아람(Paddan Aram)' 이라고도 하며 아브라함과 그 자손들에게 정신적인 고향이 되었다. 아브라함은 그의 아들 이삭의 신부감을 구할 때 밧단 아람에 가서 구해 오도록 하였고(창 24 : 3~43), 그리고 이삭도 자신의 아들 야곱에게 그 지방에 가서 아내를 취하도록 하였다(창 28 : 1~2).
　고대 하란 성내에는 앗시리아, 페르시아, 로마, 비잔틴 제국의 신전들과 옛 구조물의 잔해들이 많이 남아 있다. 현재 이곳에 남아 있는 높이 4.5m가 되는 여인의 가슴이나 벌집처럼 생긴 트룰리

(Truli)라는 흙벽돌 집이 매우 흥미로웠다. 또 종교적인 깊은 뿌리에서 나온 탓인지 습관적으로 사진 찍는 것을 피하면서 양의 젖을 짜고 있는 여인들, 마구간으로 이용하고 있는 옛 주거지 트룰리 집들, 그리고 부엌에서 빵을 굽고 있는 하란 여인들의 모습들이 인상적이었다.

그리고 하란지역을 포함한 샨느울파 도시 근처의 네비욥(Nebiyob) 마을 근처에는 욥과 그의 아내, 그리고 엘리야의 무덤이 남아 있다. 욥이 병중에 살았던 동굴 위에는 팔각정 건물이 있고, 그 동굴에는 욥이 병을 치료하기 위해 몸을 씻었던 샘물이 있는데, 이곳에 서기 460년에 노나(Nona) 주교가 이 샘물을 가지고 문둥병을 치료하는 병원을 세웠다.

실루기아(Seleucia)

　이곳은 수리아(Syria) 왕국의 안디옥 항구로서 원래 이름은 실루기아 페리아(Seleucia Pieria)였다. 오늘날에는 터키의 항구로서 사만다그(Samandag)라 불리고 있다. 이 항구도시는 B.C. 300년경 셀루시드(Seleucid) 왕국의 첫 왕 실루쿠스(Seleucus) 1세 때 니카토르(Nicator)에 의해서 개항했고, 한때 동방의 중요한 무역항구 가운데 하나였다. 이 도시는 당시 애굽을 통치하던 마케도냐 왕 프톨레미(Ptolemy) 3세가 27년간을 지배하였고, B.C. 219년 안티오크스(Antiochus) 3세가 탈환하여 다시 B.C. 64년 로마의 폼페이우스(Pompeius) 장군에 의해 자유항구도시가 되었다.

　신약성경 역사에 의하면, 이곳은 사도행전 13장 4절에, "두 사람이 성령의 보내심을 받아 실루기아에 내려가 거기서 배 타고 구브로에 가서"라고 말씀하는 것처럼, 바로 이곳 실루기아는 바울과 바나바의 제1차 세계 전도여행의 첫 출발지요, 세계 선교의 전초기지였다. '아마 이 안디옥 교회당에서 성도들이 제1차 세계 선교 결단 및 환송예배를 드리고 이곳에 와서 배를 타고 지중해를 향하여 떠나는 바울과 바나바에게 하얀 손수건을 흔들고 눈물을 흘리면서 환송했을 것이다.'라고 생각하면서 여기저기 앉아서 기도를 드렸다.

특별히 필라델피아 지역 순례단원들은 한 구석에 모여서 사도행전 1장 8절 말씀을 봉독한 후에, "오 하나님이여! 우리 모두에게 예수 그리스도의 복음의 열정을 주옵시고, 오늘 바울의 첫 선교지 출발지에서 다시 한번 새 힘을 주옵소서. 21세기를 향한 목회의 사명과 선교의 꿈과 비전을 주옵소서……." 하면서 간절히 합심하여 통성기도를 드렸다.

▲ 실루기아 항구에서 기도하는 단원들

수리아 안디옥(Antioch)

이곳은 현재 터키 지명으로 안타키아(Antakya)로 불리고 있으며 약 10만 명이 살고 있는 도시이다. 이 도시는 B.C. 307년에 알렉산더 대왕의 장군인 안티고누스(Antigonus)가 건설하여 자신의 이름을 따서 안티고네이아(Antigoneia)라고 불렀는데 동료 장군 셀루커스 니카토르(Seleucus Nicator)가 301년 안티고누스를 격퇴시키고 이 지역을 빼앗아 아버지 안티오추스(Antiochus)의 이름을 따 안티오키아(Antiochia)라고 명명하게 되었다.

B.C. 2세기에는 급속도로 발전하여 무역과 문화의 중심지로서 로마와 알렉산드리아에 이어 로마제국의 3대 도시가 되었고, 예루살렘, 콘스탄티노플, 에베소, 서머나에 이어 초기 기독교 5대 도시 가운데 하나이며, 인구 50만 명을 가진 '동방의 여왕(Queen of the East)'으로 불렸다. 특별히 이곳은 스데반 순교(행 7:59) 이후 많은 기독교인들이 이 장소로 피신하여 큰 교회를 세웠고, 그때(41~54년) 처음으로 믿은 자들을 그리스도의 추종자라는 의미로 '그리

스도인'(행 11 : 25∼26)이라 불렀다.

수리아 안디옥은 이방인 그리스도교의 중요한 공동체로 등장하여 바울과 바나바를 최초 이방 선교사로 파송하였고, 사도 베드로를 초대감독으로 세웠다. 누가의 고향이기도 한 이곳은 사도 바울의 1·2·3차 세계 전도여행의 출발점과 후원처였고, 교회사적으로는 252년과 300년 사이에 이곳에서 10여 차례 기독교 공의회가 열렸다.

(1) 베드로 동굴 좌측 바위산(The Left Facade of St. Peter)

이곳은 초대교회의 박해시대에 은신한 교우들의 모임이 이루어진 장소로서 예배 드린 뒤에 여러 갈래의 비밀통로를 통해 동굴 바위산으로 피하는 안식처요, 도피처였다.

(2) 베드로와 성모 마리아 상(Sculptures of Peter and Mary)

베드로 동굴교회 왼쪽 산 산등성을 따라 올라가면 바위에 초대교회의 지도자인 사도 베드로와 마리아의 상이 있는데, 이후에 모슬렘들에 의해 많이 파손되었다.

(3) 베드로 동굴교회(The Church of St. Peter)

이 교회는 안디옥 시내가 내려다보이는 가파른 산허리에 자리잡고 있으며 12∼13세기 사이에 십자군에 의하여 고딕 양식 교회

(Gothic Church) 모습으로 세워졌다.

이 동굴교회 내부의 제단 벽 위쪽은 천국의 열쇠와 두루마리 성경을 들고 서 있는 사도 베드로 상이 있고, 제단의 오른쪽으로는 치료효능이 있다는 약수가 흘러나오고, 그 왼쪽에는 기독교인들이 도피처로 사용했던 터널이 있다.

이곳에 모인 순례단원들은 '베드로 동굴 기도회'를 개최하였다. 필자의 인도로 시작하여 필라델피아 동산교회 담임 김정일 목사님이 대표기도를 해주셨고, 조용성 선교사님이 사도행전 11장 19~26절과 13장 1~3절 말씀을 봉독하였다. 그리고 스데반 집사의 순교로 이곳까지 와서 고난과 박해를 당했던 안디옥 교회를 생각하면서 큰 소리로 합심, 통성기도를 한 후 주기도문으로 폐회하였다.

기도회를 마친 후, 일행은 돌 강단 위에 올라가서 오른손에 성경을 잡고 "할렐루야!" "제2의 베드로가 나왔습니다!"라고 외치면서 기념촬영을 하였다.

▲ 베드로 동굴교회에서 통성 기도하는 단원들

고속도로 90번 선상에서의 첫번째 열린 음악회

　오늘의 순례지를 다 돌아본 단원 일행은 관광버스에 몸을 싣고 다시 아다나 지역으로 달려가기 위해 고속도로 90번 선상에 진입하게 되었다. 그때 안내자 조 선교사님이 "여러분! 앞으로 두 시간 동안 열린음악회를 개최하겠습니다!"라고 하니 "와!" 하면서 일제히 기뻐하는 가운데 드디어 막이 서서히 올랐다.
　첫번째, 초대손님으로 명예단장 현인덕 목사님이 소개되어 목회 여담을 들려주셨다.
　"본인은 평생 하나님의 은혜 가운데 평양에서 출발하여 서울, 대구, 필라델피아까지 목회를 하는 가운데 하나님의 크신 복을 받았는데 그 중에 큰 복은 수년 전 미국 교회로부터 250달러 정도 되는 교회당과 사택을 단돈 1달러에 선물로 받은 것입니다." 하나님의 크신 복을 간증한 뒤 "환난과 핍박 중에서"라는 찬양을 불렀다.
　두 번째는 사회자 조 선교사님의 차례가 되자 "봄의 고향"이라는 노래를 부른 다음, 앞으로 노래 부르실 분은 찬송 대신 명곡이나 가

곡을 부르기로 하였다.

세 번째로 필라델피아 블루벨교회 담임 신청기 목사님께 "이민목회 어떻습니까?"라고 질문하니, "할 일은 없는데 신경이 많이 쓰입니다."라고 대답한 뒤 "소나무야, 소나무야!"를 불렀다.

네 번째는 뉴욕에서 오신 손재승, 손경옥 박사님 부부 순서였다. 이 부부는 1958년 한국에서 연애를 하다가 결혼을 하셨는데 남편은 뉴욕에서, 부인은 이화여자대학교에서 각각 학위를 받으신 엘리트 잉꼬 박사 부부였다. 부부 듀엣은 "아리랑"을 흥겹게 불렀다.

다섯 번째로는 필라델피아 서머나교회 담임 박등배 목사님이 나오셔서 이번 순례의 소감을 "정말, 감사드립니다. 사도들이 걸어간 믿음의 발자취 현장에 와서 너무나 큰 은혜를 받습니다."라고 말하며 옛 노래 한 곡을 부르고 들어갔다.

여섯 번째는 역시 필라 지역의 평화교회를 담임하시는 류인곤 목사님이 나오셨는데 "하나님의 은혜에 감사드립니다. 이번에 집사람이 40일 금식기도 중 쓰러져서 함께 오지 못하여 마음이 아픕니다."라고 하면서 "기도 많이 해주십시오."라고 부탁한 뒤에 "고향의 봄"을 불렀다.

일곱 번째로 필자의 순서가 되어서, "이번 필라 교회 협의회가 성지 순례 행사를 가지게 된 목적은 첫째로 지역 복음화를 위한 지역 교회 살리기이고, 둘째는 지역 목사님의 영성과 재충전을 위함이라고 설명한 뒤에 "두둥실 두리둥실 저 지중해 바다로 배 떠나간다"라는 노래를 불렀다.

여덟 번째는 리치먼드 한인침례교회 유병학 목사님과 유광자 사모님 순서였다. 이 부부는 "6개월 동안 연애한 뒤에 결혼했습니다."라고 질문에 답을 하여 청중이 그때 부르던 노래를 부르라고 요청했다. 이에 목사님 부부가 "학교종이 땡땡땡 어서 모이자……"라고 노래하니 한바탕 웃음이 터져 나왔다. 그리고 유 목사님이 초상을 당한 교인 집에 전화를 하니, "이왕 귀한 곳에 가셨으니 꼭, 성지 순례 잘 하시고 돌아오라고 하여 그 말에 큰 힘을 얻어 순례중에 있습니다."라고 말할 때 다같이 격려의 박수를 보냈다. 누구인지는 잘 모르겠지만 '참 믿음 있는 성도구나!' 하는 생각이 들었다.

아홉 번째 순서가 된 뉴저지 프린스턴 영광한인교회의 담임 윤사무엘 목사님은 "쫓기는 목회와 강의 시간 때문에 올 수 없었지만 만사 제쳐놓고 와서 보니 참 유익이 많았습니다."라고 말한 뒤에 "선구자"를 멋지게 불렀다.

열 번째는 필라델피아 양의문교회 담임 윤상철 목사님의 순서였다. "이민 목회와 한국 목회의 차이점이 무엇입니까?"라고 질문하자 "이민 목회가 가장 행복해요. 너무너무 행복해서 할 말이 없습니다."라고 하며 울릉도 호박엿은 먹어 봐야 그 맛을 안다고 하면서 계속 "행복합니다!" 하며 기뻐하였다. 그리고 "아내에게 바치는 노래"를 부르고 나니 "앵콜!앵콜!" 하면서 모두 외쳤다.

마지막 순서로 조용성 목사님과 윤상철 목사님이 남성 듀엣으로 "우리의 소원은 통일"을 불렀다. 이로써 재미있던 제1회 고속도로 90번 선상에서의 첫번째 열린음악회를 모두 마쳤다.

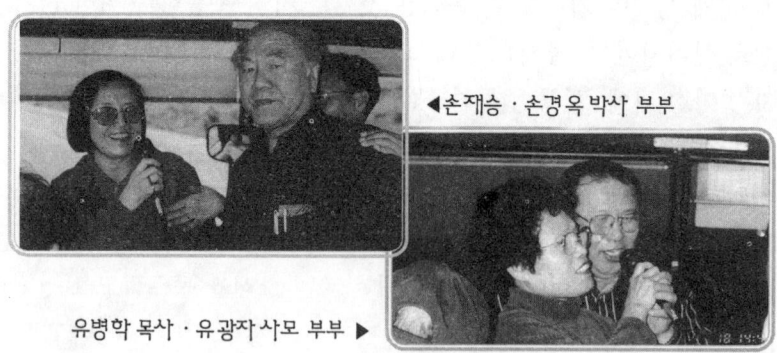

◀손재승 · 손경옥 박사 부부

유병학 목사 · 유광자 사모 부부 ▶

안디옥 선교의 밤

순례지를 방문하고 돌아온 46명의 순례단원들은 호텔에 도착하여 저녁식사를 마친 뒤에 특별 회의실에서 안디옥 선교의 밤을 개최하였다. 저녁 8시 10분부터 필자의 예배 인도로 시작하여 찬송가 405장을 부른 후에 박등배 목사님이 대표기도를 해주신 후 사도행전 1장 8절을 다함께 봉독했다. 이날 강사는 터키 발카리 병원(Balcali Hospital)의 마취과 의사인 에니스 사키르길(Dr. Enis Sakirgil)이라고 하는 평신도 사역자였다. 그의 간증을 요약해서 적어 본다.

그는 현재 27세의 마취과 의사이며 다음달에 결혼할 예정이라고 한다. 그는 이스탄불 의과대학을 다니는 가운데 하나님이 자신에게 주신 두 가지 특권에 대해 간증했다. 하나는 의학공부를 할 수 있었던 기회와 다른 하나는 부모님들이 크리스천이었기에 자연스럽게 예수를 믿을 수 있었던 것에 감사했다. 자라면서 신앙생활을 할 수 있었고, 대학에서 친구 45명과 함께 성경공부를 하면서 찬양인도를

제5장 베드로 동굴교회 83

하였다고 한다. 1996년 대학교를 졸업한 후, 이스탄불에 있기를 원했으나 하나님은 그를 아다나에 보내어 일하게 하셨고, 어려운 전문의사 과정을 무사히 감당할 수 있도록 하나님께서 크신 은혜로 도와 주셨다고 하였다. "이곳 아다나에 온 것은 하나님께서 보내 주신 것이라 생각합니다."라고 말할 때에는 순례단원들 모두가 한 목소리로 "아멘"으로 화답하였다.

그는 이곳 아다나에 와서 생긴 두 가지 기도 제목이 있는데, 그중 하나는 이곳에 하나님의 나라가 속히 이루어지길 바라는 것이며, 다른 하나는 전문의사 1년 반 과정을 무사히 통과하여 앞으로의 일을 잘 감당하는 것이라고 하였다.

현재 이곳에서 15명의 그룹이 함께 모여서 성경공부를 하고 있는데, 처음에는 어렵고 힘들었지만 지금은 하나님께서 힘을 주셔서 잘 감당하고 있다고 하였다. 또 아다나 시내에 기독교 서점을 내려고 기도중에 있는데 순조롭게 진행되고 있고, 그들의 꿈은 이 지역에 주님의 교회가 세워져서 예수 그리스도의 복음이 전파되는 것이라고 고백했다.

▲ 간증하는 Dr. 사키르길과 조용성 선교사님

제6장
최초의 이방 선교사 바울

▲ 사도 바울의 초상화

다섯째날(Fifth Day)

1999년 3월 19일 금요일 오전 8시 30분, 필자의 인도로 출발 예배를 시작했다. 찬송가 358장을 부른 뒤에 사도행전 9장 28~30절 말씀을 봉독했다.

"사울이 제자들과 함께 있어 예루살렘에 출입하며 또 주 예수의 이름으로 담대히 말하고 헬라파 유대인들과 함께 말하며 변론하니 그 사람들이 죽이려고 힘쓰거늘 형제들이 알고 가이사랴로 데리고 내려가서 다소로 보내니라"

그리고 캐나다 토론토 복음선교교회 담임 유영목 목사님이 "하나님 아버지시여 오늘도 사도들이 걸어간 믿음의 발자취를 순례할 수 있도록 축복하심을 감사드립니다. 건강하고, 안전하게 인도해 주옵소서……"라고 대표기도를 해주신 후 예배를 마쳤다.

바울(Paul)

"나는 유대인으로 길리기아 다소에서 났고 이 성에서 자라 가말리엘의 문하에서 우리 조상들의 율법의 엄한 교훈을 받았고 오늘 너희 모든 사람처럼 하나님께 대하여 열심하는 자라"(행 22 : 3).

그리스도인을 박해하는 데에 지도급 인사였던 바울은 후에 그리스도인이 되어 이방인들을 위한 사도로 활동하였다. 그의 행적은 사도행전과 그가 기록한 서신들에 잘 나타나 있다. 바울은 헬라 문명과 동방 문화, 즉 동서 문화가 만나는 소아시아의 길리기아 평원에 위치한 다소 출신으로서 부유하면서도 유대 전통을 고수하는 바리새인 집안에서 태어났다. 바울 당시의 다소는 매우 번성한 도시였으며 교육의 중심지였다(행 9 : 11, 21 : 39, 22 : 3). 바울은 로마 공화정 후기에 많은 사람들에게 부여했던 로마 시민권을 받았으며(행 22 : 25~28) 또한 다소의 시민권을 가지고 있었다(행 21 : 39).

바울의 회심은 수리아의 다메섹 성 근처에서 일어났다. 그리스도인들을 박해하는 데 앞장섰던 그가 다메섹에 있는 그리스도인들을 체포하러 가는 도중 다메섹 근처에서 그리스도를 만났다. 그는 다메섹에 들어가 아나니아에게 세례를 받고 그리스도인으로 새로 태어났다. 세례를 받으며 이방인들에게 복음을 전하라는 소명을 받았다(행 9 : 1~18).

예수님을 '하나님의 아들' 이라고 한 바울의 설교는 그가 소명을 받은 직후부터 시작되었다(행 9 : 20). 그는 아라비아 광야(다메섹 근처)로 갔으며(갈 1 : 17) 그곳에서도 복음을 전파했다. 그로 인해 당시 나바티아와 아레다 4세(B.C. 9~A.D. 40)의 체포령을 야기시켜 광주리를 타고 도망을 하였다(고후 11 : 32~33). 그후 바울은 예루살렘에 가서 15일을 있다가(행 9 : 26~30, 갈 1 : 18) 고향 다소로 돌아가 머물렀다. 그후 바나바의 인도로 수리아의 안디옥에 가서 약 일 년간 머물면서 헬라인들에게 복음을 전파했다(행 9 : 30).

안디옥 교회에 의한 바울과 바나바의 파송은 그에게 소아시아에 복음을 전하는 기회를 주었다(행 13 : 1~3). 이때부터 예루살렘에서 구금당하기까지(행 21 : 27~22 : 29) 바울은 세 차례의 전도여행을 했다. 1차 전도여행은 안디옥, 2차는 고린도, 3차는 에베소를 중심으로 실행하였다. 그의 선교지역은 소아시아의 마케도냐를 비롯한 유럽지역이었으며 그의 소원은 로마와 스페인까지 가는 것이라고 밝힌 바 있다(롬 15 : 17~32).

그의 전도여행 후반기에 들어서 그는 이미 세워진 교회들을 방문하며 이별을 고했다. 그는 교회들을 세우고 격려하고 굳세게 하는 일을 하면서도(행 14 : 21~23) 서신들을 꾸준히 기록하였고 또한 개인적으로 직면한 여러 가지 일들도 함께 처리해 나갔다. 바울과 그의 전도여행 동료들은 예루살렘에 도착하여 '형제들' 로 환영을 받았다.

그러나 아시아로부터 온 유대인들의 선동으로 심하게 매를 맞았고, 성전 뜰 안토니아 요새를 수비하던 로마군 천부장으로 인해 소요사태의 주범으로 체포되었다. 가이사랴로 압송된 그는 성전 모독(행 21 : 28~29)과 유대인들의 소요를 주도했다는 죄명으로 유대 지도자들에게 고소를 당하여 2년간 감금되었다가 예루살렘에서 재판하자는 유대 지도자들의 요청보다, 로마에서 재판을 받겠다는 바울의 요청이 받아들여져 로마로 압송되었다.

로마에서 그는 비록 죄수의 몸이었으나 그를 찾아오는 사람들에게 복음을 전할 수 있었다. 사도행전은 바울이 로마에 온 후 2년 동안의 기록을 끝으로 막을 내린다. 만약 바울이 사도행전에 언급된 2년 후에 재판을 받아 유죄선고를 받고 처형을 당했다면 그가 죽은 연대는 A.D. 62년경일 것이다.

이후, 2세기 "바울과 테크라의 행적(The Acts of Paul and Thecla)"이라는 한 외경은 그에 대하여 "사도 바울은 대머리와 휜다리에 눈썹은 서로 맞닿고 코는 매부리에 단신의 다부진 체구를 가진 호감에 찬 사나이, 그는 인간의 모습에 천사의 얼굴을 가진 자이다."라고 찬탄하였다.

다소(Tarsus)

　이곳은 최초 인류 아담의 아들 셋(Seth)이 건설했다는 전설적인 장소이며, 소년 바울이 태어나기 4000년 전부터 인간이 거주하기 시작했던 도시이다. B.C. 2천년에 이곳은 히타이트(Hittites) 도시국가의 수도였고, 로마시대에는 대곡창지대였으며, B.C. 50년경에는 유명한 키케로(Cicero)가 총독으로 지낼 만큼 중요한 큰 도시였다. 그래서 바울 자신도 이 도시를, "소읍이 아닌 길리기아 다소성의 시민"(행 21 : 39)이라고 소개하였다. 또한 이곳은 B.C. 41년경 이집트의 여왕 클레오파트라(Cleopatra)와 로마의 안토니우스(Antonius) 장군이 로맨스를 만든 연애의 장소요, 만남의 장소로 널리 알려진 곳이기도 하다.

　특별히, 유년기 바울은 이곳에서 어떻게 지냈을까? 바울의 양친은 로마시민임과 동시에 훌륭한 유대인들이었다. 그들은 바울이 아직 소년이었을 때 다소와 같은 도시의 이교문화에 물들지 않도록 힘썼지만 총명한 아이들치고 헬라문화에 담긴 언어나 사상을 흡수하지 않을 수는 없었을 것이다. 그래서 그의 부모는 어린 바울을 철저히 공부시켜 장차 유대교의 율법교사가 되게 해야겠다고 작정했다. 소년시절부터 바울은 다소의 동네 회당에서 정기적인 교육을 받으며 유대인들의 전통을 철저히 익혔다. 그때 바울은 유대 율법을 배우는 과정에서 누구나 학과목 이외에도 상업에 필요한 기술을 하나씩 익혀두어야 했기 때문에 텐트 제조법을 배웠다. 청년 바울은 다소에서 유대세계의 중심지였던 예루살렘으로 옮겨가 그곳에서 율법의 위대한 스승 힐렐(Hillel, B.C. 60~A.D. 20)의 손자인 가말리엘(Gamaliel)의 문하생이 되었다.

이후 율법주의자 바울은 예루살렘 교회와 지도자들을 박해하려고 다메섹(Damascus)으로 가는 도중에 홀연히 하늘로서 강한 빛이 비춰오면서 아람방언으로, "사울, 사울, 마앗라데핀니?(Shául Shául maatt redephinni?)" 즉, "사울아 사울아, 네가 왜 나를 핍박하느냐? 송곳을 맨발로 계속 차는 것이 고통스럽지도 않느냐?"고 하는 음성이 강렬하게 들려왔다. 그때 바울은 "누구십니까?" 하며 물었고, 이때 "나는 나사렛 예수니, 네가 핍박하는 바로 그이니라."고 대답하였다. 그는 그 순간 엄청난 광휘에 눈이 멀었고 일행의 손에 이끌려 아나니아(Ananias)에게 가서 안수기도를 받고 다시 시력을 회복했다. 그리고 그에게 세례를 받고 성령 충만하여 복음을 증거하는 예수 그리스도의 증인이 되었다. 필자는 다소 땅을 밟으면서 개종한 바울이 다시 고향 땅 다소를 향하여 돌아갈 때 그의 심정은 어떠했을까를 한번 생각해 보았다.

바울이 수년간 인근지역인 시리아와 길리기아 지방에서 보낼 때 단편적인 역사적 기록들을 제외하고는 거의 그의 행적을 찾아볼 수가 없었다. 그러나 한번 추측해 본다면, 아마 가족들로부터 절연당했을 것이고, 사랑하는 고향 친구와 친척들로부터 배반자라는 낙인

이 찍혔을 것이고, 주위 회당의 지도자들로부터 수백 대의 매를 맞았을 것이고, 이로 말미암아 육체적 고통인 말라리아, 안염, 간질, 말더듬이 증상이 생겼을 것이다.

현재 이곳에는 두 개의 순례지가 있다.

(1) 바울의 성문, 클레오파트라 문(The Gate of St. Paul, Cleopatra's Gate)

이곳은 키드누스 강(Cydnus River)에 도착한 이집트의 클레오파트라 여왕이 로마의 장군 안토니우스(Antonius)를 영접한 곳에 세운 문이다. 이후 기독교 국가가 된 비잔틴 제국은 이 문을 바울의 문(The gate of St. Paul)이라고 바꾸어 불렀다.

현재, 이곳 성벽 위에는 터키의 국기가 펄럭이며 꽂혀 있다. 이곳에 도착한 순례단

▲ 클레오파트라 문에서 필자

원들은 마치 클레오파트라를 만난듯이 "클레오파트라!", "클레오파트라야!" 하면서 정신없이 삼삼오오 짝을 지어 사진촬영을 하느라고 매우 바빴다. 정말 '클레오파트라의 파워'가 나타나는 순간 당대 나일의 미녀요, 요부로서 수많은 왕들과 명장들을 유혹하고 그들의 마음을 사로잡은 클레오파트라! 그녀는 능수능란한 화술로 로마의 왕들을 자유자재로 조종해 역사의 흐름을 차단하고 역류케 한 장본인이었다.

(2) 사도 바울 기념교회와 우물(St. Paul's Church and His Well)

이곳 도시의 한가운데에는 사도 바울 기념교회가 있다. 교회당 내부는 봉쇄된 아치와 4개의 기둥으로 장식되어 있다. 교회당 실내의 둥근 천장의 중심부에는 예수 그리스도를 비롯한 마태, 마가, 누가, 요한의 모습이 장식되어 있고, 북서쪽 끝에는 예쁜 종탑이 서 있다. 이곳에 있는 바울의 우물은 깊이가 38m이고 아직도 이 우물을 사용하고 있다. 또한 바울의 우물 바로 옆에

▲ 바울의 우물 문을 열고 있는 에롤 씨

는 옛날 비단길이 있어서 옛사람들이 이곳으로 왕래하며 다닌 것을 알 수 있었다. 우리 일행은 이곳 우물가에서 베쳇 에롤(Bechet Erol) 씨가 두레박으로 물을 뜨는 것을 보고 "와!" 하면서 쳐다보았다. 몇몇 단원과 함께 필자도 물을 한 모금 손으로 떠서 마셔보았는데 맛은 보통 물과 다를 바 없었다.

양과 염소론

　46명의 순례단원 일행은 관광버스에 몸을 싣고 토로스 산맥을 끼고 저 갑바도기아를 향해 달렸다. 아크사레이(Aksaray) 도시를 중심으로 한 남부 갈리디아의 대평원에 이르게 되었다. 주위 길거리에는 포드 자동차 사인과 코카콜라 그림이 붙여져 있었고, 짐을 싣고 가는 당나귀의 모습도 보였고, 양을 몰고 가는 목동들의 모습과 꼴을 뜯어 먹고 있는 수많은 양들이 눈에 띄었다. 그때 단원들이 자신들이 각자 가지고 있는 양과 염소에 대한 생각을 열심히 강의하였다. 여기에서 필자는 이런 모든 내용과 필자의 소견을 하나로 묶어서 양과 염소에 대하여 논하려고 한다.

(1) 양(Sheep, 프로바톤($πρόβατον$))

　양은 되새김질하는 초식동물의 일종으로서 성경에는 양이란 말이 500번 이상 나오고 있으며 구약에서는 문자적으로 신약에서는 비유적으로 사용되고 있다. B.C. 9000년경 이 양은 털을 얻기 위하여 가축으로 기르게 되었고, 고대에는 양의 가죽과 우유가 중요한 생활 필수품이었다. 그리고 오늘날 팔레스타인 지역에서 사육되는 양은 굵은 꼬리와 살이 찐 통통한 양으로서 그 맛이 진미이다.

특별히 양은 고대 근동지역의 유목민들에게 가장 중요한 부의 원천이었고(창 13 : 2), 양털은 값진 것이어서 귀한 무역 거래품 가운데 하나였다(겔 27 : 18, 21). 양털의 하얀 빛깔은 순결의 상징으로 사용되었고(사 1 : 18, 계 1 : 14), 양털의 옷감은 유용하게 사용되었으며(욥 31 : 20), 희생제물로도 사용되었다. 십자가에 달리신 예수님을 "하나님의 어린양"이라고 부른다(요 1 : 29, 5 : 6).

양의 성격은 어떠한가?

첫째, 양은 싱싱한 풀도 먹을 뿐만 아니라 마른 풀도 잘 먹는다. 양의 이빨은 식물의 뿌리까지 씹을 수 있기 때문에 추수가 끝난 보리밭이나 밀밭에 방목하여도 그것들의 그루터기를 먹을 수 있는 단단한 이빨을 가지고 있다. 특별히 팔레스타인 성지에 살고 있는 양들은 바짝 마른 풀을 뜯어 먹고 산다. 얼핏 보기에는 그 마른 풀과 잎사귀에 영양분이 없을 것 같지만 실상은 죽은 것이 아니라 뿌리가 살아서 영양분을 공급해 주고 있다. 또 철 따라 우로가 내리면 그 마른 잎사귀는 다시 생기가 돌며 윤기가 나기 때문에 바짝 마른 풀이나 잎사귀를 단단한 이빨로 뜯어먹는다.

둘째, 항상 양은 다니던 작은 길로만 다닌다. 양은 언덕과 계곡 사이에서 지도책의 도로망같이 뻗은 작은 길로만 다니면서 꼴을 찾는다. 그 양들은 절대로 목자의 인도 없이는 다른 길로 다니지도 않고 항상 다니던 그 작은 길로 다닌다.

셋째, 양은 꼭 목자만 따라가고 그의 보호를 받는다. 양은 온화하고 순하기 때문에 방어할 능력이 거의 없다. 그래서 항상 양은 목자의 보호와 인도를 받고 산다. 그래서 밤이 되면 목자는 약탈자나 강도의 위험으로부터 피하기 위하여 양을 꼭 우리 안에 넣어둔다. 예수님께서도 요한복음 10장 1~5절에서 말씀하셨다.

"양의 우리에 문으로 들어가지 아니하고 다른 데로 넘어가는 자는 절도며 강도요 문으로 들어가는 이가 양의 목자라 문지기는 그를 위하여 문을 열고 양은 그의 음성을 듣나니 그가 자기 양의 이름을 각각 불러 인도하여 내느니라 자기 양을 다 내어놓은 후에 앞서가면 양들이 그의 음성을 아는 고로 따라오되 타인의 음성은 알지 못하는 고로 타인을 따르지 아니하고 도리어 도망하느니라"

이 말씀은 항상 목자의 도움을 받아야만 하는 양의 모습, 즉 하나님의 보호 아래 있는 하나님의 백성의 모습으로 비유되는 교훈의 말씀인 줄 안다.

(2) 염소(Goat, 트라고스($\tau\rho\acute{\alpha}\gamma o\varsigma$))

염소는 양과 같은 종류의 아과(亞科)에 속하는 뿔 달린 되새김질하는 동물이다. 성경에 56회나 나오고 있으며 신구약 성경에서 비유적으로 교훈하고 있다. B.C. 7000년경에 여리고(Jericho)지방의 가정에서 최초로 사육되었으며, 청동기 시대의 사람들은 꼬부라진 뿔이 달린 변종을 사육하였다. 그리고 창세기 30장 32절에 나오는 알록달록한 점이 있는 염소는 뿔이 길지만 수컷은 71cm이며 암컷보다 모든 면에 크고 차이가 있다. 특별히 염소는 고대 경제에서 매우 유용한 짐승이었으며 부의 척도였다(삼상 25 : 2, 대하 17 : 11). 구약시대의 율법은 염소고기를 먹도록 규정하였고(레 7 : 23), 염소 털은 튼튼한 옷감으로 사용되었으며(출 25 : 4, 삼상 19 : 13), 성막의 텐트 덮개를 짜는 데 사용되었다(출 26 : 7). 그런데 신약시대에 와서는 부정적인 이미지로 바뀌어져 양으로부터 분리되어 심판날의 악한 자로 상징되었다(마 25 : 31~46).

염소의 성격은 어떠한가?

첫째, 염소는 앞서간다. 예레미야 50장 8절에 "떼에 앞서가는 숫염소"라고 했듯이 염소는 걸어갈 때 남의 뒤를 따라가는 것보다 앞서서 가려고 하는 기질이 있다.

둘째, 항상 염소는 가만히 있지 않고 잘난 척하며 주위를 혼란케 한다. 염소는 양과는 달리 소량의 먹이로도 살아갈 수 있으나 풀을 뜯어 먹을 때에는 습관적으로 나무뿐만 아니라 뒷다리에 닿는 나무 잎사귀까지 발로 차고 못쓰게 만들며 주위를 혼란하게 한다. 이런 염소의 나쁜 습관은 가나안 땅을 황폐케 만드는 중요한 원인이 되기도 하였다.

일행 중 어느 목사님의 실제 얘기를 들어 보면, 자신의 형님이 한국에서 염소장사를 해서 염소에 대해 잘 아는데, 염소들은 항상 치고 받고 싸우느라고 한시라도 가만히 있지 못하는 고약한 성격을 가지고 있다고 말하였다.

마지막으로 염소는 부정적인 면을 많이 보여 주고 있지만 이와 반대로 긍정적인 면을 보여 주는 것이 하나 있다. 수많은 양떼 속에 한 마리의 염소가 꼭 끼여 있는데 이는 양들의 질병을 예방하는 역할을 한다. 그것은 수

▲ 양의 젖을 짜고 있는 터키 여인들

많은 양들이 한 곳에 모여서 늘 함께 붙어 다니며 서로 비비기 때문에 안질병이 생길 수가 있으므로 그 끼인 염소가 양들과 양들 사이를 떼어 놓느라고 치고 받고 설치지만 오히려 이것이 양들의 질병을 예방하는데 도움이 된다고 한다.

이것은 마치 우리들의 사회 속에 '필요악'이 있는 것처럼 그리고 "내 육체에 가시 곧 사단의 사자를 주셨으니 이는 나를 쳐서 너무 자고 하지 않게 하려 하심이니라"(고후 12 : 7)는 사도 바울의 말처럼, 우리들의 영적인 삶 속에서도 항상 깨어 기도케 하며, 겸손히 주님의 교회를 섬기도록 하며, 하나님의 말씀으로 재무장할 수 있도록 만드는 영적인 자극제가 될 수 있을 것이다.

갑바도기아(Cappadocia)

갑바도기아는 "친절하고 사랑스러운 땅(kind and lovely land)" 이라는 뜻을 가지고 있으며, 어느 곳에서도 도저히 찾아볼 수 없는 장관을 연출함으로써 여자 순례자들의 발길을 끊임없이 유혹하고 있는 곳이다. 또한 앙카라 동남부 쪽으로 320km 떨어진 곳에 위치하고 있으며, 소아시아 반도 중앙고원에 위치한 해발 1,000m의 높은 곳이다. 이 지역은 오랜 옛날에 가장 높은 에르지에스 산(Mt. Erciyes, 3,1914m)의 화산에서 분출된 용암이 시간이 지나면서 비, 바람의 풍화작용 등으로 깎여 나가 특이한 모양의 땅으로 형성되어 있다. 화산에 의하여 이루어진 이 특수지형은 그후 세월의 흐름에 따라 계속적인 비, 바람에 의한 침식과 풍화작용으로 인간의 관심을 집중시킬 수 있는 매혹적인 경관과 수많은 아름다운 작품들이 깔려 있을 뿐만 아니라 특별히 고난과 박해를 받은 기독교인들의 안식처가 되었다.

초기 기독교인들은 로마의 네로(Nero) 황제의 박해를 피해 이곳으로 와서 약 250년 동안 은둔생활을 하였다. 그들은 이곳의 자연을 이용하여 지하도시를 건설하여 기도처, 동굴교회, 주택, 학교, 신학교 등을 만들어 생활하였는데 예배처소 및 교회들만 해도 1,000여 개가 있었다. 그후 로마제국이 기독교를 국교로 정한 뒤에도 교회가 점점 타락해지자 초대교회의 신앙을 따르던 수도사들이 이곳에 다시 와서 수도원을 건설하며 경건생활을 계속 하였다.

갑바도기아 신학자들
(Cappadocia Theologians)

동방 교부의 신학은 기독교리사 가운데 중요한 위치를 차지하고 있으며 그 가운데 갑바도기아의 신학자들은 결코 빼놓을 수 없다. 갑바도기아의 3대 신학자들은 대 바실리우스(Basilius the Great) 감독, 그의 아우 닛사의 그레고리우스(Gregorius Nyssenus)와 그의 친구 그레고리 나지안주스(Gregory Nazianzenus)이다. 이들의 신학적 공헌은 아리우스(Arius) 이단에 대하여 싸웠고, 서부아시아의 수도원운동에 가장 큰 업적을 남겼으며, 기독교 정통신앙의 주춧돌을 놓는 데 기여했다.

(1) 대 바실리우스(Basilius the Great)

바실리우스는 330년에 출생하여 조모인 마크리나의 영향을 많이 받아 355년 안디옥, 콘스탄티노플, 아테네에서 교육을 받았다. 355년 고향으로 돌아와서 변호사가 되어 일하던 중 자매의 권고로 변호사직을 그만두고 한 무리의 수도자와 함께 은둔생활을 시작하였다. 365년에는 가이사랴 교회로부터 부름을 받아 부목사가 되었고, 5년 후에는 감독이 되었다. 그리고 겸하여 50명의 지방감독을 거느리는 전 갑바도기아의 총주교가 되어 일하다가 379년 50세 일기로 세상을 떠났다.

그는 신학자와 설교자로서 유명하였을 뿐만 아니라 교회를 통솔하는 지도력까지 겸비한 사람이었다. 그의 업적 가운데 중요한 것은, 수도원운동과 생활, 규칙을 제정한 일이다. 그는 일찍이 이집트 수도원운동을 자세히 연구한 뒤 이것을 갑바도기아 상황에 맞도록 잘 적용하고 변형시켜서 공동체를 중심으로 집단적인 규율을 마련했다. 그리고 성경공부, 농업, 의료 및 갖가지 유익한 업무들을 도입시켰다. 그가 휘하의 수도사들에게 제시한 여러 가지 규칙들은 오늘날까지도 동방수도원운동의 골격을 이루었고, 현재 바실파 수도회는 희랍정교회의 유일한 수도회로 남아 있다. 그의 저서는 그리스도의 신성론, 성령론, 설교집 및 기타 서신들로 남아 있다.

(2) 닛사의 그레고리우스(Gregorius Nyssenus)

그레고리우스는 그의 형 바실리우스보다 2년 늦게 태어났으며 형과 같이 몸이 허약하였다. 그는 형과 같은 생활을 좋아하지 않아 수사학 교사가 되었으나 후에 형의 감화로 수도원에 들어가 372년에 닛사의 감독이 되었다.

그는 381년에 콘스탄티노플에서 신학 논쟁이 있었을 때 총회에 참여하여 가장 크게 활약한 인물 중의 하나이며, 특히 삼위일체 교리와 화신의 교리를 입증하는 데 크게 기여하였다. 그는 니캐아시대의 교부 중에 오리겐(Origen)의 교리관과 가장 가까웠으며 저서로는 아폴리나리우스를 반박하는 교리서가 대표적이다.

(3) 그레고리 나지안주스(Gregory Nazianzenus)

그는 갑바도기아의 마지막 교부로서 바실리우스의 막역한 친구였으며, 331년에 출생하였다. 그의 어머니 논나(Nonna)는 크리소스톰의 어머니 안투사(Anthusa), 아우구스티누스의 어머니 모니카(Monica)와 함께 기독교 교회사 가운데 가장 위대하고 영향을 많이 끼친 세 그리스도인 어머니 중의 하나이다. 그는 나지안주스에서 늙은 아버지를 도와 장로가 되었는데 이후 374년 아버지가 죽자, 본인은 원하지 않았으나 감독 임명을 받아 일하다가 381년 콘스탄티노플에 초청되어 신학논쟁에 참여하였다. 이후 나지안주스와 콘스탄티노플의 양 감독이 되어 일하다가 390년경에 죽었다.

이 세 갑바도기아 교부들의 공통된 점은 자연을 매우 사랑하여 자연미에 대한 감흥과 그들의 영적 포부에 대한 열망을 통합하여 자연의 아름다움과 하나님의 영원한 아름다움과는 밀접하고 깊은 관계가 있다고 믿었다.

신학적으로 이 세 교부들은 오리겐을 존경하며 아타나시우스(Athanasius)의 신학적 입장을 지켰다.

네브쉐히르(Nevsehir)

네브쉐히르는 거친 지형의 갑바도기아 서쪽에 자리잡고 있으며 아나톨리안(Anatolian) 중심지로서 15만의 인구가 살고 있다. 이 지역은 셀루크(Seluck) 터키 시대에 최고의 부흥을 이루었으며, 이곳 지하동굴 가운데 유명한 동굴로는 데린쿠유(Derinkuyu), 카이마클리(Kaymakly), 오즈코낙(Ozkonak)이 있는데 빌딩 8~10층의 깊이로 석회암 하부를 뚫은 지하동굴 도시들이다. 그런데 이 도시들은 갑바도기아의 동굴 마을과는 그 규모가 전혀 다르다.

데린쿠유 지하동굴(Derinkuyu Underground Town)

데린쿠유는 "깊은 우물"이라는 뜻으로, 지하 120m에 약 8층으로 이루어져 있다. 네브쉐히르로부터 남쪽 30km 지점에 위치한 지하도시이다.

이 도시는 기초공사나 골절공사 없이 사람들의 필요에 따라 소위

'상자침대'라는 것을 만들어서 침실로 썼으며 그 외에 교회, 학교, 우물, 관측소, 마구간, 곡물 저장소, 부엌 등이 있다.

이 지하도시는 1세기에서 3세기까지 소아시아의 기독교인들이 핍박을 받을 때 땅 속에 지하도시를 만들어 살았는데 낮에는 이곳 지하에서 거의 은둔생활을 하다시피 하다가 밤이 되면 양이나 염소 가죽옷을 입고 밖으로 나와서 들판에서 곡식을 훔쳐다가 먹고 살았다. 히브리서 기자는 잘 지적해 설명해 주고 있다.

"또 어떤 이들은 희롱과 채찍질뿐 아니라 결박과 옥에 갇히는 시험도 받았으며 돌로 치는 것과 톱으로 켜는 것과 시험과 칼에 죽는 것을 당하고 양과 염소의 가죽을 입고 유리하여 궁핍과 환난과 학대를 받았으니(이런 사람은 세상이 감당치 못하도다) 저희가 광야와 산중과 암혈과 토굴에 유리하였느니라"(히 11 : 36~38).

이곳에 온 순례단원들은 지하동굴로 내려가 어느 한 지하교회당 안에서 찬송가 511장을 불렀다.

"내 구주 예수를 더욱 사랑 엎드려 비는 말 들으소서……"

찬송이 끝난 뒤 필라델피아 평화교회 류인곤 목사님께서 눈물로써 기도해 주셨다.

"아버지 하나님, 복음을 지키며 죽도록 충성한 옛 성도들의 모습을 바라볼 수 있는 시간을 주심을 감사드립니다. 그들은 답답한 지하동굴에서도 아바 아버지를 부르며 고난과 박해 속에서도 감사하며 살았는데…… 우리들

▲ 지하동굴에서 기도하는 단원들

은 세상에서 평안하게, 게으름과 나태 속에서 살았습니다. 오 주여 용서하여 주옵소서.……"

이곳 제일 밑바닥 동굴에서 기도회를 가진 후 다시 위로 올라오는데, 그 길은 마치 개미굴 같았으며 꼬부랑길이요 좁은 오솔길이었다. 그때 일행의 모습은 여러 가지였는데 즉, "아휴! 아휴!" "오 주여!" "이럴 줄 알았으면 운동이나 하고 올 걸!" "아이고 죽겠다!" "훼이! 훼이!" "가다가 쉬면 아니간들 못하리라!" "순교하는 마음으로 간다!" "제발 좀 쉬었다가 갑시다!" "주여, 일사각오로!" "이제 마지막이구나!" 하면서 가쁜 숨을 내쉬며 땀을 뻘뻘 흘리며 낑낑거리면서 무사히 밖으로 나왔다. 이제야 일행은 해방이나 된 것처럼 "할렐루야!" 하고 "주와 같이 길 가는 것 즐거운 일 아닌가 우리 주님 걸어가신 발자취를 밟겠네 한 걸음 한 걸음……"이라는 찬송을 부르며 그곳을 떠났다.

서카 도자기 공장
(Sirca Handy Craft Center)

이 지역에 살고 있는 한 가정은 200년 동안 대를 이어 내려오면서 서카 도자기 공장(Sirca Handy Craft Center)을 운영하고 있다.

이 회사의 사장은 하키 카사파(Mr. Hakki Kaspa)이며, 회사 직원은 130명 정도 된다. 그의 딸 셀바 세자(Miss Selver Sezer)도 원래 이 지역의 어느 정규대학을 졸업하고 초등학교 교사로 일하였었는데, 아버지의 도자기 사업을 돕기 위해 풀타임 직원으로 자랑스럽게 일을 하고 있었다.

이 공장에서 만들어지는 아름다운 도자기 제작법에 대하여 한 직원은 말하기를, "먼저 흙 재료를 구입하여 흙반죽을 한 후 3개월 동안 저장해 둡니다. 그리고 2주간 정도 말려서 잘됐나 안 되었나를 확인한 후 그때 성공률이 65%이면 성공한 것으로 간주합니다. 그러면 잘된 것을 골라서 납이 없는 유약을 잘 바르고 난 뒤에 그림을 아름답게 그려서 구우면 됩니다."라고 설명하였다.

이 공장의 상품진열실에서 순례단 일행은 각 종류의 도자기들을 보기도 하고, 가까이 가서 쓰다듬기도 하고, 들어 보기도 하며 도자기 쇼핑을 하였다.

끝으로 오늘의 폐회기도는 버지니아 제일장로교회 담임 오광섭 목사님께서 해주셨다.

"주님, 오늘 순례지를 잘 돌아볼 수 있도록 은혜 주시고 힘 주시며 인도해 주심을 감사드립니다. 앞으로 우리의 목회현장에서 오직 예수님만 바라보고 죽도록 충성하게 하옵소서. 두고 온 교회와 가정을 지켜 주옵소서."

저녁때 일행이 쉬어야 할 곳은 갑바도기아 지역에 있는 별 네 개짜리 데데만호텔(Dede Man Hotel)이었다. 식사를 마친 후 짐을 풀고 육신의 안식을 취하였다.

▲ 도자기 공장에서 강의를 듣고 있는 순례 일행

제7장
갑바도기아의 동굴 성도들

▲ 갑바도기아 지하동굴

여섯째날(Sixth Day)

 1999년 3월 20일 토요일 오전 8시 25분. 관광버스 안에 자리를 잡고 앉은 일행 46명은 먼저 조용히 찬송가 270장을 불렀다. 그리고 이어서 필자가 성경을 봉독했다.
 "이에 이고니온에서 두 사도가 함께 유대인의 회당에 들어가 말하니 유대와 헬라의 허다한 무리가 믿더라 그러나 순종치 아니하는 유대인들이 이방인들의 마음을 선동하여 형제들에게 악감을 품게 하거늘 두 사도가 오래 있어 주를 힘입어 담대히 말하니 주께서 저희 손으로 표적과 기사를 행하게 하여 주사 자기 은혜의 말씀을 증거하시니 그 성내 무리가 나뉘어 유대인을 좇는 자도 있고 두 사도를 좇는 자도 있는지라 이방인과 유대인과 그 관원들이 두 사도를 능욕하며 돌로 치려고 달려드니 저희가 알고 도망하여 루가오니아의 두 성 루스드라와 더베와 그 근방으로 가서 거기서 복음을 전하니라"(행 14 : 1~7).
 그리고 리치먼드 한인연합감리교회 담임 현성윤 목사님께서, "하나님, 우리가 순례를 시작한 지도 일주일이 다되어 가고 있는 이 시간까지 지켜 주심을 감사드립니다. 일행의 순례길이 믿음의 길이 되며 은혜 받는 복된 길이 되게 하옵소서. 건강으로 지켜 주옵시고 교회와 가정도 지켜 주옵소서.……"라고 출발기도를 드렸다.

괴뢰메 동굴교회들
(Cave Churches of Göreme)

　이곳 갑바도기아 지방의 괴뢰메 지역은 역사시대 초기부터 인간들이 거주해 왔으며, 더욱이 이 지역은 초기 기독교인들이 천연적인 지형을 이교도 박해, 외적 침략, 종교적 은둔생활의 피난처로 가장 효과적으로 이용해 왔던 곳이다.
　기독교의 역사 자료에 의하면 카이사리(Kayseri)의 감독인 성 바실(St. Basil)은 그 시대의 종교적 경향인 은둔생활의 개별화를 방지하기 위해 이곳에 종합적인 수도원 시설을 설치했다고 하는데, 1년 365일에 해당되는 365개의 암굴교회가 있었다고 전해져 내려오고 있다. A.D. 850년 이후부터 시작하여 기독교가 공인된 전후로 약 1,000여 개의 예배 처소, 교회, 신학교가 있었다.
　이곳 암굴교회들의 내부는 입구와 몇 개의 통풍 및 채광장치를 위한 구멍만이 있어서 밖에서 보면 거의 인간이 거주했다는 흔적을 발견하기가 어렵다. 그러나 외부의 황량한 모습과는 달리 내부는 거의 프레스코(Fresco, 갓 바른 회벽 위에 수채로 그리는 화법) 벽화로 화려하게 장식되어 있다. 현재 이곳에는 8개 교회들의 모습과 흔적들이 남아 있다.

▲ 동굴교회 안에서 말씀을 듣고 있는 순례단원

(1) 성 바실 채플(The Chapel of St. Basil)

이 교회는 11세기에 지어진 곳이며 12평 정도의 크기이다. 이곳의 초대교회 성도들은 매일매일 대예배를 드리며 일사각오의 신앙을 가지고 예배, 말씀, 기도, 봉헌, 감사를 하였다. 강대상 앞에는 예수님의 성화가 있고 벽에는 조지 그레고리 주교의 그림이 있다.

이곳 현장에서 조용성 선교사님은, "주님, 초대 기독교 신앙의 선배들이 일사각오의 신앙을 가지고 믿음을 지킨 역사의 현장 속에 와서 그들이 어떻게 살아왔는가를 배우게 하시고, 매일매일 순교하는 삶을 살게 하시며 오늘날의 교회들이 진정으로 주님께서 원하시는 교회가 될 수 있도록 도와 주옵소서."라고 기도를 드렸다.

(2) 엘마르 교회(사과교회, The Apple Church)

이 교회는 1,050년경에 지어졌으며 면적은 12평 정도이다. 이 교회는 주변에 사과나무가 있었기 때문에 "사과가 있는 교회"라고 불리게 되었다.

이 교회의 건물은 중앙에 네 개의 기둥을 중심으로 십자가 모양을 취한 전형적인 비잔틴 건축양식을 따르고 있다. 이곳 벽화들은 예수님의 공생애 그림으로부터 시작하여 축복의 손, 복음 증거, 제자의 증거, 사도 바울, 베드로, 누가, 마태, 세례 요한, 죽은 나사로, 최후의 만찬, 십자가 죽음과 부활 승천을 묘사한 것들로 이루어져 있다.

이 그림들을 본 단원들은 "야! 아름답다." 하며 경탄을 금치 못하였다.

(3) 성 오네시무스 교회(St. Onesimus Church)

이 교회는 빌레몬의 종 오네시모(골 4 : 9, 몬 1 : 10)를 기념한 교회로 작은 규모의 교회이다. 이곳은 도마, 조지 그레고리 주교, 바실 대주교, 기타 성화들이 있다. 안내자가 "이 그림은 여성이 기도하다 남성이 된 것입니다."라고 말하자 일행들은 "와!" 하고 폭소를 터뜨렸다. 또 이 예배당은 크기가 작아서 2부예배까지 드렸을 것이라고 말하자 다시 한번 웃었다.

이 교회 순례를 마치고 밖으로 나오니 시카고 지역에서 오신 신복숙 권사님께서 왼쪽 다리가 아파서 절룩 거리며 어려움을 당하고 계셨다. 이에 필자가 발 위에 안수하면서, "2천년 전에도 살아 계셔서 이곳 갑바도기아 성도들을 보호하시고 역사하신 살아 계신 아버지 하나님, 사랑하는 딸이 다리가 아픈 가운데 있습니다. 이 다리로는 순례할 수가 없습니다. 형편과 처지를 아시는 주님께서, 나사렛 예수 이름으로 안수해 주옵소서. 건강케, 깨끗게, 승리케 하옵소서……"라고 기도드렸다.

(4) 카란리크 교회(The Karanlik Church)

이 교회의 모양은 거의 사라져 알아볼 수가 없었는데 아마 이 지역의 중앙교회로서, 그리고 하나의 종합수도원 역할을 했던 곳이라고 추측된다. 이 교회의 내부구조는 마치 지상 위에 건축된 것처럼 지붕이나 천장을 모두 갖추고 있으며 내부의 벽화들은 푸른 물감을 사용한 것으로 보아 당시 경제적으로 양호한 조건 속에 지어졌다는 것을 발견할 수가 있었다.

(5) 무명교회

이 교회는 이름이 없는 곳으로 8평 정도의 크기이다. 이곳 안에는 예수님, 세례 요한, 예수님이 승천하시는 장면의 벽화들이 있다. 이곳 입구에는 "No-Smoking"과 "No-Camera" 표지가 붙어 있었다.

▲ 무명교회 앞에서

(6) 카리클리 교회(샌들교회, The Karikli Church)

이 교회는 '발자국', '신발 교회(The Church of the Sandal)'라 불리며 10평 정도의 크기이다. 일명 발자국교회는 강대상 앞에 두 개로 찍혀져 있는 샌들 자국 때문에 그 이름이 붙여진 것이다. 이곳 안에는 예수님의 승천, 성모 마리아, 세례 요한, 4복음서, 아기 예수, 동방박사 세 사람, 예루살렘 입성과 콘스탄틴 대제와 헬레나 어머니, 예수를 판 가룟 유다의 벽화들이 그려져 있다.

호기심에 찬 순례 일행은 두 개의 발자국 터에 서서, "나도 예수님의 발자국 흔적을 만들겠노라." "내가 걸었던 발자국이 어디냐?" 하면서 중얼중얼거리기도 했다.

(7) 뱀 교회(The Snake Church)

이 교회의 중앙 정면의 박공 머리에는 예수 그리스도의 모습과 교회의 봉헌자로 여겨지는 한 사람의 모습이 있다. 이 교회당 입구 안의 오른쪽 천장에는 성 바실과 성 토마스 벽화들이 그려져 있고, 왼쪽 천장에는 십자가를 붙들고 있는 콘스탄틴 대제와 그의 어머니 헬레나와 뱀과 싸우고 있는 성 데오도르와 성 조지 그레고리의 모습이 그려져 있으며, 바깥쪽 끝에는 성 오네시모의 그림이 그려져 있었다.

(8) 토카리 교회(The Tokali Church)

이 교회는 '혁대고리 교회(Church with a Shield)'라고도 불리며 야외 박물관 입구의 바로 아래쪽에 위치하고 있다. 45평 정도의 넓이로 이 지역 교회들 가운데 가장 크다. 이 이름으로 불리게 된 것은 교회당 내부 천장 아치에 그려져 있는 혁대고리 모양의 무늬 때문인 것으로 추측하고 있다. 이 교회는 갑바도기아 지역에 있는 교회들 가운데 가장 프레스코 벽화가 잘 보존되어 있는 교회 중의 하나이다.

이곳 벽화의 내용은 예수님의 '성 수태고지'부터 시작하여 '승천'까지의 일대기로 이루어져 있다. 즉, 천사가 마리아에게 임신할 것을 예언하는 장면, 마리아의 엘리사벳 방문, 아기 예수님의 마구간 탄생, 마리아와 요셉, 동방박사 경배, 헤롯 왕의 영아들 살해 장면, 애굽으로의 피신, 세례 장면, 가나 혼인잔치, 제자를 부름, 오병이어, 나사렛, 예루살렘 입성, 호산나 찬양, 성만찬, 가룟 유다의 입맞춤, 로마병정 체포, 십자가 수난과 못박히심, 빈 무덤과 갑바도기아 성자들, 콘스탄틴 대제의 그림들이 있고, 지하에는 12평 정도의 지하 공동묘지가 있다.

이곳 입구에서 알리(Mr. Ali)라는 터키 상인이 우리 일행을 향하여 무화과를 하나씩 줄 때 일행은 박수로 감사하며 함께 기념촬영도 하였다. 이곳 입구에도 "No-Smoking" "No-Camera" "No-Video"라는 표시가 있었다.

갑바도기아 봉화대
(Signal Fire)

이곳 봉화대는 갑바도기아 지역을 육안으로 볼 수 있는 최고 정상에 위치하고 있으며, 약 50m 높이로 166개의 계단으로 이루어져 있다.

이곳은 당시 세계적인 봉화대로 사용되었고 외부 세력들이 침범했을 때 연기를 피워 그 소식을 알려 주었다. 마치 이스라엘의 마사다(Masada)같은 요새로 사용되었다.

현재 이곳 정상 꼭대기에는 터키 깃발이 휘날리고 있으며, 입구 바로 앞에는 첨탑 한 개가 있는 지방 모스크 사원이 있고, 코란경이 큰소리로 울려퍼지고 있다.

이곳 꼭대기에 올라온 순례 일행은, "여러분, 바로 이곳은 교회의 터였으며, 아울러 봉화대의 역할을 한 현장입니다."라는 안내를 받은 뒤에 큰 소리로 "저 멀리 뵈는 나의 시온성 오 거룩한 곳 아버지 집 내 사모하는 집에 가고자 한밤을 새웠네 저 망망한 바다 위에 이 몸이 상할지라도 오늘은 이곳 내일은 저곳 주 복음 전하리" 하며 찬송을 불렀다.

  이어 12시 30분경, 봉화대 바로 옆에 있는 빈달리 식당(Bindalli Restaurant)에서 터키 뷔페로 음식을 맛있게 먹었다. 식사 후, 내일의 주일 대예배를 위하여 갑바도기아 특별성가대가 조직되었는데, 지휘는 현인덕 목사님, 대원들은 소프라노에 유미지, 오화자, 우경덕, 유교신, 알토에는 허정숙, 박유리, 유광자, 손경옥, 테너에는 이광영, 신청기, 베이스에는 최동갑, 박등배, 류인곤 단원들로 구성되어 곧장 성가 연습을 하였다. 각 단원들의 아름다운 꾀꼬리 같은 목소리에 감칠맛 나는 노랫가락은 동서 사방의 계곡 계곡 사이에서 불어오는 신선한 바람소리와 조화를 잘 이루어 마치 갑바도기아 천사들의 찬송과 같았다.

▲ 봉화대 정상에서 필자와 조용성 선교사

앙카라(Ankara)

　이곳은 협곡과 화산 봉우리로 이루어진 아나톨리아(Anatolia) 중앙지역에 위치하고 있으며 현재 터키 민주공화국의 수도이다.
　1920년 4월 23일 무스타파 케말 아타투르크(Mustafa Kemel Ataturk)가 첫 터키 국민회의를 소집하여 1924년 8월 14일 터키 민주공화국의 수도로 삼았다. 그 당시 이 도시는 해변도 강도 없는 아나톨리아 중앙고원의 심장부라는 것밖에 특이한 것이 없었는데 지금은 500여 만 명이 사는 터키의 제2 도시요 수도요 심장이 되었다.
　이 지역의 역사는 청동기시대부터 시작되었는데, 기원전 2천년 경부터 히타이트(Hittites), 갈라타(Galatians), 로마, 비잔틴, 페르시아, 셀주크(Seljukiyans) 사람들이 그들의 통치권을 확보하기 위해서 혈전을 벌였던 동서양의 역사적 전투지이다.
　이후, 초대 대통령 아타투르크가 이 지역을 수도로 삼아 이제는 정치학상의 중심지로서 도시화의 과정을 밟아가고 있다. 그리하여 사회적, 경제적 발전의 복합적인 요구를 충족해 가는, 21세기를 향하여 발전하는 현대적인 도시로 자리하고 있다. 현재 이곳에는 세계적으로 유명한 아나톨리아 문명박물관(Anatolian Civilization Museum)과 터키 국부인 아타투르크의 묘지와 한국전쟁 때 참전했던 터키 군인들을 기념한 한국공원이 있다.

▲ 앙카라에 있는 한국공원

노아의 방주와 아라랏 산
(Noah's Ark and Mt. Ararat)

아담과 하와로부터 시작하여 약 1천5백 년간 생육하고 번성하던 사람들은 땅을 가득히 채웠던 그들의 죄악 때문에 대홍수의 심판을 당해야 했다. 이에 사람을 비롯한 땅 위의 모든 생물은 다 죽었고 방주에 들어가서 살아 남았던 노아의 가족과 생물들이 다시 지구의 역사를 이어갔다. 홍수가 끝났을 때 아라랏 산 동남쪽 심판의 산과 영웅들의 침대로 불리는 구릉 6~7부능선에 드러나 길게 누운 배 모양을 하고 있는 흙더미가 방주가 안착한 곳이다.

이 역사적 근거가 터키 동부지역에 있는 아라랏 산 주변에서 발견되었는데 이곳은 러시아, 이란과 터키의 국경지역이며 산 바로 밑은 도우베이짓(Dogubayazit)이라는 작은 마을이다. 이곳에서 이란 국경쪽으로 5km 가면 군부대가 있고, 그 위에는 우젠길리(Ugengili)와 마살(Masar)이라는 마을이 있는데 바로 이곳에 노아의 방주가 위치하였다고 말하고 있다.

이 방주는 아폴로 15호로 달에 착륙한 제임스 어윈(James

▲ 아라랏 산

Irwin)의 끈질긴 탐구와 10년 동안 이곳에서 연구한 로널드 와트(Prof. Ronald Watt)와 데이빗 파솔드(Prof. David Pasold) 교수의 노력으로 발견되었다. 이들 두 교수는 전자 레이더와 지질 탐사기를 이용하여 시각적 · 물리학적 · 화학적인 조사를 한 결과 노아는 구멍 뚫린 네 개의 돌을 닻 대신 사용했으며 한 개의 용골로 사용하였고 폭풍을 대비해 모양은 우주선과 같이 만들었다고 발표하였다.

이 방주의 길이는 157.08m로 성경이 말하고 있는 300규빗과는 거의 일치되나 폭은 50규빗으로 26.2m가 되어야 하는 데 반해 실제 배의 폭은 48.8m로 상당한 수치상의 차이를 보이고 있다. 그러나 이것은 배의 파손 결과로 넓어진 것이라고 해석하고 있다. 또 그들은 모세가 수학적으로 매우 정확하게 배의 크기를 기록하였으며 히브리 규빗 개념으로 사용치 않고 이집트 규빗 개념으로 기록했다고 설명하였다.

인류 최고의 문명인 노아의 방주와 최고의 산인 아라랏 산 그리고 전능자 여호와 하나님! 하나님께서 인간 노아에게 "너는 네 아내와 네 아들들과 네 자부들로 더불어 방주에서 나오고 너와 함께한 모든 혈육 있는 생물 곧 새와 육축과 땅에 기는 모든 것을 다 이끌어 내라 이것들이 땅에서 생육하고 땅에서 번성하리라"(창 8 : 16~17) 하신 말씀이 아직까지 생생하게 사실과 진리로 나타나는 역사적인 증거요 현장이었다.

바자르 54 카펫 공장

 갑바도기아 지방은 목축업을 많이 하고 있으며 이 목축업에서 나오는 양모를 가지고 세계적으로 유명한 갑바도기아 카펫을 생산하고 있다. 이 카펫은 그들 유목민들의 중요한 생활필수품이며 재산이다. 왜냐하면 이것들을 바닥에 깔면 깔린 그대로 하나의 아름다운 방이 될 수 있고, 또 카펫 안에는 양의 독특한 냄새가 섞여져 있어 독충들이 들어오지 못하도록 살충제 역할을 하기 때문이다. 그래서 그들은 이 카펫을 그들의 가장 고귀한 예술문화요 작품으로 생각하고 있다.
 현재 이곳에는 바자르 54 카펫 공장이 있는데 공장장인 하룰라 온더(Mr. Hayrulla Onder) 씨가 직접 우리 일행을 환영하며 안내해 주었다. 전통적인 카펫을 만드는 그의 강의에 의하면, 먼저 자기 자신의 머리에 카펫 모양을 새기고 한 골에 1cm 그림을 보면서 씨줄 날줄로 짜고, 무거운 망치로 누른 후 비집고 나오는 모서리는 바르게 자른다. 매번 계속 반복하면서 짜고 누르고 재반복하면서 짜면 하나의 아름다운 카펫이 나온다고 한다. 한 사람이 한 카펫을 짜기 시작하면 계속 짜야지 다른 사람이 짜면 그림의 모양도 달라지고 견고하지 못하다고 한다. 또 카펫은 첫째, 재료를 무엇으로 쓰느냐, 둘째, 줄이 몇 개냐, 셋째, 염료는 무엇을 사용했냐에 따라서 카펫의 가치가 달라진다고 한다.

우리 단원 일행은 카펫 공장의 내부를 구경하면서 어느 한 실험실에서 고치에서 실을 뽑아내는 과정을 지켜보기도 했다. 이때 한 직원이 손에 번데기를 높이 들고 한국말로 "번데기!"라고 하여 한바탕 웃었고 또 말하기를, "우리 터키 사람들은 번데기를 먹지 않는데 한국 사람들은 먹는다."라고 해서 또 한번 웃었다. 또 다른 방에 들어가서 보니 다양한 카펫을 소개하며 판매하고자 터키 차까지 제공해 주었다. 그러나 가격이 워낙 비싸서 그런지 카펫을 사는 사람은 한 사람도 없었다.

▲ 카펫 강의를 하는 공장장의 모습

고속도로 300번 선상에서의 두 번째 열린음악회

오늘의 순례지를 다 돌아본 후 고속도로 300번을 달리면서 지난번에 끝내지 못했던 열린음악회를 다시 열자는 요청이 들어와 두번째 열린음악회를 개최했다.

첫번째는 뉴욕에서 온 박유리 자매와 강순영 어머니 순서였다. 조금 전 터키 총각과 기념촬영을 한 것이 계기가 되어 첫 순서가 되었고 싱글(single)이라는 사실을 알게 되었다. 왜 지금까지 결혼을 안 했느냐는 조용성 선교사님의 질문에, "아직까지 사람을 만나지 못해서 결혼을 하지 못했고, 지금이라도 사람만 있으면 하겠어요."라고 대답한 뒤 "별처럼……"이라는 명곡을 불렀다. 이때부터 이 자매는 항상 인기의 대상이 되었다.

두 번째는 LA 한길감리교회 담임 유태엽 목사님 부부 순서였다. 그들은 결혼한 지 18년이 되었는데 유 목사님께, 어떻게 사모님과 결혼했느냐고 물으니, 학교 다닐 때 학생들 가운데 제일 낫기에 택했다고 하며, 성령 체험한 후에 신학교의 문을 두드렸다고 말했다.

일반적으로 교역자의 사모는 힘들다고 하는데 사모님은 어떠냐는 질문에 "목사의 딸로서 목사님한테 시집와서 어려움이 많을 것이라고 생각했는데 하나님의 은혜로 별 어려움이 없어서 감사합니다."라고 대답한 뒤에 듀엣으로 "아침 이슬"이라는 노래를 불렀다.

세 번째는 뉴저지 한인침례교회 담임 문종성 목사님 순서였다. 그는 24년 전 미국에 와서 하와이대학교에 다니던 중 어느 집회에 참석하여 예수 믿고 소명을 받아 명문 침례교신학교에 들어가 신학 공부를 하였다고 한다. 후에 졸업한 뒤 현재 성공적으로 목회를 하고 있을 뿐만 아니라 뉴저지 교육위원에 출마하여 당당히 당선되어 지역사회를 위해 수고하는 젊은 엘리트 실력파 교역자이다.

그는 노래는 잘못하지만 조국 대한민국의 통일을 생각하면서 개두마리를 키우고 있다면서, 힘차게 "우리의 소원은 통일"이라는 노래를 불렀다.

네 번째 순서는 네쉬빌한신교회 담임 안영섭 목사님이었다. 그는 "우리 지역에서 5명의 교역자들과 함께 왔는데, 우리 일행들은 특별히 각하 목사님(전두환 대통령의 얼굴과 비슷함)을 모시고 한마음 한뜻으로 단결이 되어 좋다."고 할 때, 주위 일행들이 크게 웃었다.

그리고 "왜, 안 목사님은 카메라를 6개씩이나 가지고 있느냐?" 질문할 때, "대학시절 대사진기자출신이었기 때문이다."라고 대답하여 그때부터 필자가 단체 기념촬영을 위하여 단장의 이름으로 일방적으로 "사진 담당기자"로 임명하

▲ 유태엽 목사, 유교신 사모 부부

게 되었고, "나의 살던 고향"이라는 동요를 들었다.

다섯 번째는 역시 순복음테니시교회 담임 김상우 목사님이었는데 그는 말하기를, "나의 키는 한국사람의 표준 키이며 24년 전에 이민와서 미국에서 고등학교, 대학교, 신학교를 졸업한 뒤 역에서 국제결혼하신 분들을 대상으로 특수목회를 하는데 벌써 7년이 되었으며, 그리고 어려운 여건 속에서도 교우님들의 정성으로 성지 순례를 오게 되었습니다."라고 하면서 하나님께 영광을 돌리고 교우들에 감사하면서 "나같은 죄인 살리신 주 은혜 놀라와"를 기뻐하며 찬양했다.

여섯 번째는 뉴욕 미주고은교회 담임 정석기 목사님이었다. 통합 측에서 4년 전에 여자로서 목사 안수를 받았고 현재 기쁘게 이민목회사역을 하고 있으며 특히 책을 41권을 저술하였다고 하여 일행들을 깜짝 놀라게 했다. 정 목사님의 기도 제목은, "비록 여자 목사이자만 남자 목사보다 7배의 능력"을 받는 것이라고 했다. 아마 그 순간 필자 자신도 도전을 받았지만 다른 남자 목사님들도 아마 '쩡!' 하면서 도전을 받았을 것이라고 생각했다.

그 뒤에 "고기를 잡으러 바다로 갈까……"라는 동요를 불렀다.

일곱 번째는 필라델피아 갈보리한인침례교회 담임 이광영 목사님이었는데, 그는 텍사스에서 살 때에 어느 목사님이 던진 "이광영 형제, 만약 이 땅에 예수님이 오신다면 천국 갈 수가 있겠소?"라는 한마디 질문이 자신의 생애를 바꾸어 버렸고, 그후로 성경공부를 통하여 구원의 확신을 얻었다고 했다. 17년간 안수집사로 교회를 섬기다가 신학교를 졸업한 후 5년 전에 안수받고 교회를 개척하여 열심히 섬기고 있다고 했다. 지금은 목회에 보람을 느끼고 기쁨이 충만하다며 즐거워했다.

그리고 이번 순례는 교인들과 단장 안 목사님의 요청으로 왔다면서 감사를 드린다고 한 후, 원래 조상 이순신 장군이 무뚝뚝하지만 사회자의 요청 때문에 한 곡조 뽑겠다며 "나의 사랑, 나의 생명, 나의 예수님……"이라는 복음성가를 기쁘게 불렀다.

　마지막으로 드디어 각하 목사님이 나오는 순서였다. 현재 김성은 목사님은 테니시스 한인연합교회에서 시무하고 계신다. "인내는 목회 성공의 지름길이다."라고 자신의 목회 사역을 한마디로 말한 뒤에 노래 대신 한 가지 목회 여담을 소개하겠다고 했다. 어느 주일예배 때 새신자 이름이 강대상에 올라왔기에 보니 "이계년"이라는 자매님의 이름 석 자가 보였다고 한다. 그래서 어금니를 꽉 깨물고 참고 또 참으면서, "여러분, 오늘 새로 나오신 분은 '이'는 이씨 가운데 하나이고, '계'는 계수나무 계자며, 그리고 '년'은 연꽃 연자입니다."라고 소개했다고 한다. 정말 각하 목사님은 각하였다.

　오늘 하루의 순례를 다 마친 일행들은 뉴욕미주고은교회 담임 정석기 목사님의, "하나님 아버지시여, 오늘 사순절기간에 예수님의 흔적과 사도들의 발자취를 밟으며 은혜받게 됨을 감사드립니다. 이번 순례를 통하여 다시 한번 진리를 깨닫게 됨을 감사드립니다. 저희들 마음속에 그리스도의 흔적을 가지게 하옵소서…."라는 폐회기도를 드린 후, 콘야(Konya)로 계속 달려와서 별 3개가 붙은 셀죽호텔(Seluck Hotel)에 머물게 되었다.

제8장

어두움의 도시 콘야

▲ 목상들이 가득 찬 인제미레나 사원

일곱째날(Seventh Day)

1999년 3월 21일 주일 오전 8시 30분. 오늘은 주일이기 때문에 모든 일행은 셀죽호텔 특별회의실에 다 모여 멀고 먼 터키 땅에서 필자의 사회로 콘야 주일 대예배를 드렸다. 다같이 주악에 맞추어 묵도한 뒤에 찬송가 25장을 부른 후 성시교독문 51번을 함께 교독했다. 사도신경으로 신앙고백을 한 다음 테니시스 한인연합교회 김성은 목사님의 대표기도, 디트로이트 순복음교회 이병열 목사님의 성경 봉독, 갑바도기아 성가대의 특별 찬양과 강사 조용성 선교사님의 말씀 증거가 있었다. 본문 말씀은 마태복음 14장 13~21절 말씀이었고, 설교 제목은 "너희가 먹을 것을 주느냐"였다. 이어서 다같이 중동선교와 세계복음화를 위하여 합심 통성기도한 후 버지니아 제일장로교회 오광섭 목사님의 헌금기도, 필라델피아 양의문교회 윤상철 목사님의 봉헌송, 시카고 복음장로교회 이창식 장로님과 아이오와디모인 한인감리교회 박경덕 성도님의 헌금 봉사, 필자의 광고 후에 캐나다 토론토 복음선교교회 유영목 목사님의 축도로 폐회하였다. 특별히, 예배 시간중 중동선교를 위하여 합심 통성기도를 한 후 헌금 700달러를 조용성 선교사님께 중동선교 헌금으로 드렸다.

예배를 마친 순례단원들은 버스에 올라타 출발 기도회를 드렸다. 다같이 찬송가 355장을 부른 뒤 필자가 사도행전 14장 19~23절 말씀을 봉독했다.

"유대인들이 안디옥과 이고니온에서 와서 무리를 초인하여 돌로 바울을 쳐서 죽은 줄로 알고 성밖에 끌어 내치니라 제자들이 둘러섰을 때에 바울이 일어나 성에 들어갔다가 이튿날 바나바와 함께 더베로 가서 복음을 그 성에서 전하여 많은 사람을 제자로 삼고 루스드라와 이고니온과 안디옥으로 돌아가서 제자들의 마음을 굳게 하여 이 믿음에 거하라 권하고 또 우리가 하나님 나라에 들어가려면 많은 환난을 겪어야 할 것이라 하고 각 교회에서 장로들을 택하여 금식기도하며 저희를 그 믿은 바 주께 부탁하고"

이어서 테니시스 내쉬빌 한인감리교회 담임 서기종 목사님이 대표기도를 해주셨다.

"하나님! 오늘 저희에게 복된 날을 주심을 감사드립니다. 오늘 순례할 때 다시 한번 복음의 진리를 깨닫게 하시고 큰 은혜를 내려 주옵소서. 건강으로 지켜 주시고 기쁨이 충만케 하옵시며 교회와 가정을 지켜 주옵소서……."

◀ 갑바도기아 성가대의 찬양

콘야(Konya)

　콘야는 소아시아 평원 서남쪽으로 비시디아 안디옥(Pisidia Antioch)에서 약 140km 지점에 있는 갈라디아 내륙의 한 성읍이다.
　이 도시는 일찍이 이고니온(Iconiun)으로 알려졌으며 알렉산더 대왕과 로마에 정복을 당하였고, 로마, 헬라 제국 시대에는 브루기아(Phrygia)의 수도였고, B.C. 133년경에는 로마의 식민지였다. 또한 사도 바울 시대에는 수리아와 에베소를 연결하는 상업도시였다. 사도 바울의 제1차 전도여행시에는 바울과 바나바가 비시디아(Pisidia)에서 유대인들에게 쫓겨난 후 이곳을 방문하였으며(행 13 : 51), 많은 유대인들과 헬라인 신자들을 얻은 장소이기도 하다(행 14 : 1~7).
　오늘날의 이 도시는 터키의 10개 도시 중 하나이며, 50만 명의 인구를 가지고 있으며, 특히 터키에서 가장 모슬렘이 강한 도시이다. 그래서 이곳을 순례하는 누구나가 피부로 느낄 수 있을 만큼 모슬렘의 냄새가 물씬 풍기는 지역이다. 이 콘야 도시에는 창설자 에미 카라타이(Emi Karatay) 이름으로 세운 최고의 이슬람 카라타이 신학교가 있는데 이곳은 또한 이슬람적인 이단 종파들의 본산지이기도 하다. 이곳 현지 선교사들은 이 어두움의 도시를 복음의 빛으로 바꾸기 위해, 그리고 이슬람 신학교와 이슬람 이단들의 파괴를 위하여 특별기도를 요청하기도 했다. 이곳에는 알라딘(Alaettin) 왕이 건설한 아랍 모스크 기둥을 모델로 하여 웅장하게 만든 알라딘 모스크 사원이 있다. 일행이 머문 호텔방 벽에는 이슬람 성화들이 있었다. 콘야는 완전히 복음의 태양이 서산으로 넘어간 어두움의 도시요 영적 불모지이다. 그러나 하나님은 지금도 모슬렘을 사랑하시며 돌아오길 기다리신다. 그분의 크고 넓으신 경륜을 믿으며, 오래 전 13세기에 모슬렘 영혼을 위해 최초로 순교한 레이먼드 룰(Raymond Rull) 선교사님의 기도가 꼭 이곳에서 이루어질 줄 믿는다.

▲ 메블라나 박물관 전경

안식일(Sabbath)과 주일(Lord's Day)

어제 저녁식사 후에 순례단원들이 대화하는 가운데 어느 여자 단원 한 분이 어느 남자 목사님께 "왜 우리가 안식일을 지키지 않고 주일을 지킵니까?"라는 질문을 했다. 필자는 옆에서 이 이야기를 듣고 충격과 도전을 받고 주일과 안식일에 대하여 글을 적어야겠다고 생각하여 펜을 들게 되었다.

이 글은 필자의 이스라엘 성지 해설판인 「영문 밖의 길」(pp. 84~86, 생명의말씀사, 1993)을 발췌, 참고한 것임을 알려 드리면서 논하려고 한다.

유대교에서는 토요일을 안식일(Sabbath)이라고 한다. 이날은 유대 시간의 분배법에 따라 예배드리는 날이다. 유대인들은 금요일 오후, 즉 별이 세 개 뜨면 안식일이 시작되는 신호라 하여 그때부터 노래를 부르고, 율법을 암송하고, 포도주를 마시고 떡을 떼며 성찬 예식을 갖는다.

이날은 출애굽기 20장 10절에서 "아무 일도 하지 말라" 하셨고,

출애굽기 23장 12절에서 "너는 육 일 동안에 네 일을 하고 제칠일에는 쉬라"고 말씀하신 그날이다. 이렇게 볼 때 안식일을 지킨다는 것은 '일하지 않고 쉬는 것'임을 알 수 있다. 특히 신명기 5장 13~15절에서 안식일을 거룩하게 지키라고 말씀하면서 애굽의 종 되었던 것을 기억하도록 강조한 것을 보면, 역시 이것은 애굽의 노예 학정에서 고역에 시달리던 이스라엘 백성과 같은 우리가 주님의 은혜로 마귀와 죄악의 쇠사슬에서 해방되어 은혜로 살 것과 이 세상을 떠날 때(출애굽)에 주님과 함께 안식할 것을 가르쳐 주시는 것이다.

그러므로 우리가 누리게 될 안식은 근본적으로 이 땅에서는 누릴 수 없는(히 11 : 3~16) 안식이고, 이 세상에 있는 지상의 안식이 아니라 새 예루살렘에 있는 영원한 천상의 안식(히 4 : 9~11), 즉 주님과 함께 누릴 영원한 안식이다. 그래서 사도 바울은 골로새서 2장 16~17절에서 "그러므로 먹고 마시는 것과 절기나 월삭이나 안식일을 인하여 누구든지 너희를 폄론하지 못하게 하라 이것들은 장래 일의 그림자"라고 말하였다.

주일은 어떠한 날인가? 이날은 한 주간의 마지막 날(안식일)이 아니라, 처음으로 시작되는 첫날(주일날)이다. 즉, 창세로부터 예수님의 시대까지는 안식일이 마지막 날인 토요일이었으나, 예수님이 부활하신 그 순간부터는 첫날인 주일로 바뀌었다는 것을 깨달아야 한다.

그리하여 사도들과 신약 교회는 안식일의 주인(막 2 : 28)이시요, 율법의 완성자(마 5 : 17)이신 주 예수 그리스도를 중심으로 예배를 드렸다. 또한 그들은 안식 후 첫날에 모였으며(행 20 : 7), 연보를 위한 모임도 주일에 가졌다(고전 16 : 2). 그리고 사도 요한이 밧모 섬에서 큰 음성을 듣고 계시를 받았던 날도 주일(계 1 : 10)이었다.

그렇다면 참으로 진정한 안식일은 언제인가? 유대인들이 믿고 있는 안식일이 마감날(쉬는 날)이라면 주님의 자녀들이 믿고 있는 주일은 빛이 있게 된 첫날이요(창 1 : 3), 안식일이 사람을 위한 날이라면 주일은 주님께서 부활하신 기쁨과 영광의 날이요, 주님의 날이다(막 2 : 27). 안식일이 시내산에서 받은 옛 언약(율법)이라면 주일은 은혜로 받은 새 언약(말씀)이다(롬 6 : 14).

그러므로 진정한 안식일은 주의 날(Lord's Day)이고 그날(Sunday)을 주일, 즉 성일(聖日)로 지킴이 마땅하다.

더 나아가서 우리는 이 주일을 내 중심으로 지내는 것이 아니라 주님 중심으로 살아야 한다. 좀더 주일을 신령하고 거룩하게 지키기 위해서는 약혼이나 결혼식, 생일 잔치, 돌 잔치, 환갑 잔치, 물품을 사고 파는 행위, 일하는 것 등을 삼가야 한다. 뿐만 아니라 목사의 설교를 들으러 교회 간다거나 친구를 만나러 교회를 가는 것이 아니라, '주님을 예배하러 간다'는 바른 예배 정신과 성수 주일 신앙을 가지고 주일을 지켜야 한다.

우리는 진정한 안식일, 즉 주일을 주시고 다시 깨닫게 해주신 우리 주님께 감사드렸다.

더베(Derbe)와 루스드라(Lystra)

　더베는 소아시아 중부 루가오니아(Lycaonia)의 남동부 도시이며 루스드라(Lystra)에서 96km 떨어진 곳에 위치하고 있다. 제1·2차 전도여행시 사도 바울은 이고니온으로 뻗은 간선도로변의 마을을 따라 이곳을 방문하였다고 사도행전 14장 6~7절에 기록하고 있다.
　"저희가 알고 도망하여 루가오니아의 두 성 루스드라와 더베와 및 그 근방으로 가서 거기서 복음을 전하니라"
　루스드라 도시는 루가오니아 지역의 남부 중앙지역으로서 이고니온에서 서남쪽으로 약 38km 떨어진 곳에 위치해 있다. 이 지역의 계곡 평원은 비옥하며 물이 풍부하다. 특별히 제1·2차 전도여행시 바울과 바나바는 이곳에서 앉은뱅이를 치유하였고, 이곳 사람들이 두 사도를 쓰스(Zeus)와 허메(Hermes)로 인정하고 숭배하고자 하나 그 잘못을 지적하고 복음을 전하는 데 뜻이 있음을 분명히 밝혔다(행 14 : 8~18). 또 바울이 사도 일행을 반대하는 유대인들의 선동에 속아 돌에 맞아 실신하였다가 정신이 들었던 현장이기도 하다(행 14 : 19~20).

현재 성읍 유적지 카튠세라이(Katunsaray) 촌락 북서쪽 1.6km 떨어진 구릉지대에서 비잔틴 교회의 초석들이 발굴되었다.

비시디아 안디옥(Pisidia Antioch)

이곳은 B.C. 25년 아우구스투스(Augustus)에게 정복되어 로마령이 되었다. 이 지역은 소아시아 남부 비시디아(Pisidia)와 브루기아(Phrygia)의 경계선에 위치해 있으며 현재 지명은 얄배크(Yalvac)라고 부르고 있다.

이 도시는 기독교 역사상 가장 중요한 곳으로서 사도 바울이 이 지방을 2회 방문하였고(행 13 : 14, 14 : 24), 그가 전한 예수 그리스도의 복음은 하나님의 주권적 섭리를 통해 계시된 옛 언약의 성취라고 하면서 사도행전 13장 38~39절에서, "……이 사람을 힘입어 믿는 자마다 의롭다 하심을 얻는 이것이라"고 '이신득의' 원리를 잘 설명해 주고 있다. 또 바울은 이곳에서 복음사역을 반대한 유대인에 대한 선교를 포기하고, "하나님의 말씀을 마땅히 먼저 너희에게 전할 것이로되 너희가 버리고 영생 얻음에 합당치 않은 자로 자처하기로 우리가 이방인에게로 향하노라"(행 13 : 46)고 하면서 이방선교를 결정했던 선교의 역사적 현장이요 사도 바울의 그 유명한 사도행전 13장 강해설교의 장소였다.

이곳 도시 중심에서 약 5km 떨어진 게멘(Gemen) 언덕 위에는 사도 바울 기념교회가 있는데 처음에는 유대인 회당이었고 그 뒤로 교회로 바뀌어졌다가 지금의 성 바울 기념교회(The Church of St. Paul)가 되었다. 이 기념교회는 25m×60m의 규모로 두 줄로 이어진 기둥들이 있고 본당의 바닥은 다양한 패턴과 여러 종류의 색돌로 만들어진 모자이크로 장식되어 있으며, 무덤의 비문 가운데는 "나는 하나님의 존전으로 갈 것이다."라는 글씨가 씌어 있다.

이 기념교회의 발견은 이곳 주민 한 명이 언덕 위에 물탱크를 만들기 위하여 땅을 파다가 땅 속에서 바윗돌을 발견함으로써 이루어졌고, A.D. 90년에 지진으로 파묻혔던 이 현장을 1994년 6~8개월 동안 조용성 선교사님과 터키 대학생들이 함께 참여하여 발굴작업을 하는 데 공헌하였다고 한다.

사도 바울이 사도행전 13장의 내용으로 강해설교를 했다는 그 지점 앞에서, 필라델피아 불루벨교회 신청기 목사님은, "오 하나님이

▲ 성 바울 기념교회에서의 순례단원

여, 예수 그리스도의 복음이 전세계에 울려퍼질 수 있도록 사도 바울의 복음의 열정을 주시옵소서.……"라고 기도드렸다.

현재, 이 지역은 하나의 중소도시이며, 동네 안에는 탑 한 개짜리 지방 모스크 사원이 서 있고, 길거리에서는 20여 마리의 양떼를 몰고 가는 목동들의 모습을 보았는데 퍽 인상적이었다.

사도행전에서 요한계시록지역으로

 오후 1시 25분, 순례단원 일행은 별 세 개가 있는 안티오체이아 호텔(Antiocheia Hotel)에서 점심식사를 마친 후 드디어 사도행전 지역을 마감하고 서서히 요한계시록 지역으로 발길을 옮기기 시작하였다.
 그런데 한 가지 문제가 발생하였는데, 단원 중 환자가 생겼다는 보고가 들어왔다. 그때 누군가 말하기를, "한 명 환자에 두 명 의사가 있으니 괜찮다."라고 하여 큰 힘을 얻었고 계속 믿음으로 전진했다.
 요한계시록은 하나님의 신령한 비밀이 감추어져 있으며, 앞으로 우리 성도들이 가야 할 하늘나라 본향이 나타나있다. 이 요한계시록의 말씀은 더할 수도 뺄 수도 없으며, 손댈 수도 없고, 들어갈 수도 없는 금지된 성역이다. 그래서 종교개혁자 칼빈은 "천상에서 되어질 일을 누가 감히 손을 댈 수 있느냐?"라고 말했다. 정말 이것은 맞는 말이요 진리이다. 그러나 우리는 요한계시록 1장 3절 "이 예언의 말씀을 읽는 자와 듣는 자들과 그 가운데 기록한 것을 지키는 자들이 복이 있나니 때가 가까움이라"는 말씀을 우리들의 마음판에 새기고 기억해야 할 것이다.

어떤 자가 복이 있다고 하였는가?

첫째, 말씀을 '읽는 자(아나기노스콘 $ἀναγινώσκων$)' 이다. 이것은 혼자서 읽는 자가 아니라 회중을 대표해서 읽는 자를 의미한다. 이 뜻은, 즉 개인적으로 말씀을 읽어야 하며(신 17 : 19), 가정에서 말씀을 읽도록 가르쳐야 되며(신 6 : 6~7, 잠 1 : 7, 9 : 10), 그리고 공석에서 항상 말씀을 읽어야 한다(신 31 : 11, 렘 36 : 6)는 말이다. 유대식 예배의 중요 순서 가운데는 꼭 성경 봉독 순서가 있다(눅 4 : 16, 행 13 : 15).

둘째, 말씀을 '듣는 자(아쿠온데스 $ἀκούοντες$)' 이다. 로마서 10장 17절에 "믿음은 들음에서 나며 들음은 그리스도의 말씀으로 말미암았느니라"라고 하였다. 이 말씀을 들을 때는 주야로 묵상하며(시 1 : 2), 갈급하게 사모함으로(시 19 : 10), 영적 귀가 열림으로(계 2 : 7), 일심으로(잠 2 : 2) 들어야 한다. 우리가 말씀을 들으면 하나님의 인애를 얻고 그분의 소유가 되며(출 19 : 5, 신 7 : 12) 영생과 자손의 복을 받지만(요 5 : 24, 신 12 : 28), 듣지 않으면 형벌과 저주를 받는다(신 18 : 19, 삼상 12 : 15, 말 2 : 2).

셋째, 말씀을 '지키는 자(테룬테스 $τηρούοντες$)' 이다. 말씀을 지키는 것은 바로 행하는 것이며, 이 행함은 순종을 말한다. 야고보서 2장 17절에 "행함이 없는 믿음은 그 자체가 죽은 것이라"고 했다. 소아시아에 있는 빌라델비아 교회는 말씀을 지킴으로 주님께 칭찬을 받았다.

그렇다면 이 말씀을 어떻게 지켜야 하는가? 욥처럼 고난중에도 입술로 범죄치 말고 신앙의 정절을 지켜야 하며(욥 2 : 9~10), 다니엘과 그의 세 친구들처럼 믿음의 정절을 지켜야 한다.

그리고 우리는 끝까지 믿음을 지켜야 된다. 나중까지 견디는 자가 구원을 얻고, 나중까지 견디는 자가 승리한다고 하였다(마 10 : 22).

골로새(Colossae)

(1) 역사적 배경

골로새는 "거대함" 혹은 "크다"란 뜻을 가지고 있다. 골로새는 리커스(Lycus) 강의 계곡에 있는 히에라폴리스(Hierapolis)와 라오디게아(Laodicea) 근처에 위치하고 있으며, 당시 로마의 중요한 군사적 요충지요 상업과 휴양의 도시이며 교통의 중심지였다.

역사가 헤로도토스(Herodotos)는 B.C. 5세기 초엽에 "골로새는 위대한 도시이며 남부의 전략적 요지이며 자주색과 붉은색의 모직 산지로 유명하였다."라고 하였고, 크세노폰(Xenophon)은 B.C. 4세기에 "이곳은 인구가 많고, 크고, 부유한 성읍이었다."라고 하였다. 그러나 기독교시대가 시작되기 직전에 골로새는 이웃 성읍인 라오디게아(Laodicea)와 히에라폴리스(Hierapolis)의 성장으로 지역적 중요성을 잃어버리고 작은 성읍으로 전락되고 말았다.

리커스 강을 가로질러서 골로새 북쪽에 있는 성 미카엘 교회

(The Church of St. Michael)는 강물의 범람으로 피해를 당했을 때 도움을 준 천사장에게 감사를 표하고자 세워진 것이다. 1070년 셀죽터키인들은 이 교회를 점령하여 창고로 사용하였다.

현재 이곳은 터키의 남서부에 있는 데니즐리(Denizli)에서 약 5km 동쪽에 위치한 호나즈(Honaz) 산 밑에 자리잡고 있는 작은 동네이다. 이 지방은 면직물과 피혁 산업이 발달되어 있으며 대부분의 상품들은 유럽으로 수출되고 있다. 그리고 이 동네로 들어가는 입구에는 골로새 사인판과 코가콜라 가게와 EIF 주유소가 서 있다.

▲ 골로새에서

(2) 발굴과 유적

골로새 지역에 있는 성채는 아직 발굴작업이 이루어지지 않고 있으며, 1975년 이후 중근동 고고학협회에서 터키 정부에게 이 지역의 발굴 승인을 요청했으나 현재까지 허락이 떨어지지 않고 있는 상태이다.

그러나 메어(Mare)와 도날드 버딕(Donald Burdick)의 추정에 따르면 이 성채는 가로, 세로 각각 114.55m 가량 되고 높이는 평지보다 16m 내지 25m 위로 솟아 있다고 한다. 수많은 유물들이 성채 꼭대기나 경사지, 또는 건물 아래의 평지에서 발견되었다. 이곳은 현재 사람들의 자유로운 출입이 통제되고 있지만 조지 빈(George Bean)은 그가 큰 어려움 없이 긴 밧줄을 이용하여 성채 서쪽 끝에 있는 통로로 들어갈 수 있었다고 보고하였다.

현재 이곳에서의 활발한 발굴작업은 아직까지 이루어지지 않고 있지만 많은 비문들이 그 주변 지역에서 발굴되었다. 호나즈의 경주에서 두 차례에 걸쳐 우승한 선수의 비문과 또 다른 비문 트리부누스 밀리팀(Tribunus Mititum)에 의해 하드리안(Hadrian)에게 헌납된 제단, 사륜마차를 타고 다니던 젊은 청년 데모스(Demos)의 천재성을 상징하는 청동물, 그리고 콘스탄티누스(Constantinus) 1세와 디오클레티안(Diocletian)의 헌비들이 발견되었다.

(3) 성경 말씀과 영적교훈

바울이 골로새와 멀지않은 에베소에서 3년 동안 복음사역을 했지만 골로새는 한 번도 방문하지 않았다(골 1:4, 2:1). 그러나 바울은 에베소에서 오랫동안 머무는 중에 골로새 사람 에바브라를 개종시켜서 아마 그를 통하여 골로새 교회를 세웠을 것이다.

후에 바울이 로마 감옥에 갇혀 있을 때 그는 노예 출신의 도망자 오네시모를 골로새에 있는 그의 주인인 빌레몬에게 보냈다. 그리고 골로새인과 빌레몬에게도 서한을 함께 보냈다(골 4:9, 몬 1:10~12).

오네시모는 그 뒤로 로마교회를 섬기다가 말년에는 에베소에 와서 디모데를 이어 에베소 교회의 감독이 되었다.

에바브라는 바울이 로마에 구금되었을 때 골로새 교회에 대한 소식을 전해 주었고, 그때 바울은 골로새 교회를 어지럽히는 이단사상, 곧 영지주의(Gnosticism : A.D. 1~3세기에 일어난 다양한 종교, 접신론적 운동으로서 '특별한 지식 Greek, 그노시스($\gamma\nu\hat{\omega}\sigma\iota\varsigma$)'을 소유함으로써 구원받는다고 주장)자들과 율법주의자들의 주장이 구원에 무익하다는 점을 지적하였다.

"누가 철학과 헛된 속임수로 너희를 노략할까 주의하라 이것이 사람의 유전과 세상의 초등 학문을 좇음이요 그리스도를 좇음이 아니니라…… 그러므로 먹고 마시는 것과 절기나 월삭이나 안식일을 인하여 누구든지 너희를 폄론하지 못하게 하라…… 누구든지 일부러 겸손함과 천사 숭배함을 인하여 너희 상을 빼앗지 못하게 하라 저가 그 본 것을 의지하여 그 육체의 마음을 좇아 헛되이 과장하고 머리를 붙들지 아니하는지라…… 너희가 세상의 초등 학문에서 그리스도와 함께 죽었거든 어찌하여 세상에 사는 것과 같이 의문에 순종하느냐 곧 붙잡지도 말고 맛보지도 말고 만지지도 말라 하는 것이니…… 이런 것들은 자의적 숭배와 겸손과 몸을 괴롭게 하는 데 지혜 있는 모양이나 오직 육체 좇는 것을 금하는 데는 유익이 조금도 없느니라"(골 2 : 8~23).

바울 사도는 영지주의의 철학에 입각한 금욕주의의 가르침이나 천사 숭배, 그리고 율법주의 형식 폐단에 대해 기독교의 바른 가르침을 제시하였고, 이어서 교회의 머리가 되시는 그리스도의 뛰어나심을 강조하면서 그리스도에 대한 믿음과 성도들의 생활원리를 언급하였다. 에베소서가 그리스도가 교회의 몸이라는 사실에 초점을 맞추었다면 골로새서는 그리스도가 교회의 머리가 되신다는 것을 부각시켜 설명하였다.

그는 그의 서신에서 그리스도는 육체를 입으신 하나님이며 새 피조물의 주인이시며(골 3 : 9~10), 보이지 않는 하나님의 반영이고 (골 1 : 15), 그리고 영존하시며 창세 전부터 계셨고, 전능하시고 지고하신 완전한 하나님 바로 그 자체임을 말했다. 그러므로 성도들 삶의 중심이 그리스도가 되어야 한다고 가르쳤다.

라오디게아(Laodicea)

▲ 라오디게아 교회터 유적

(1) 역사적 배경

라오디게아는 "백성의 정의"라는 뜻이다. 이곳은 리커스(Lycus) 강의 기름진 계곡에 위치해 있고 골로새까지는 16km, 파무칼레까지는 약 9km 거리이다. 또 이 도시는 에베소에서 수리아까지 연결되는 대로상에 위치해 있어서 B.C. 133년 이후부터 교통의 요충지와 상업도시로서 큰 번영을 누렸던 곳이다.

라오디게아 도시는 처음에는 디오스폴리스(Diospolis)로 불렸다가 나중에는 로아스(Rhoas)로 그 이름이 바뀌었다. B.C. 261년부터 253년 사이에 안티오쿠스(Antiouchus) 2세는 그의 아내 라오디케(Laodice)의 이름으로 그 도시를 재건했다. 그리고 이곳은 B.C. 220년에 역사상 처음으로 나타났고, B.C. 188년 아파메이아(Apamea)시대에 평화롭게 지내다가 30년 후 버가모의 통치를 받았다.

이 도시는 로마 황제 시대부터 번성하여 A.D. 60년 네로 황제 때 대지진이 있었으나 워낙 도시가 부유하여 로마의 도움 없이도 자체적으로 도시를 재건시켰고, 특별히 폴리비안(Flavian) 황제 때 가장 큰 번성기를 누렸다.

현재 라오디게아 폐허 옆에는 "옛 성"이란 뜻의 에스키 히사르(Eski Hisar)라는 마을이 있고, 이곳으로부터 5마일 떨어진 곳에 데닐리(Denili)라는 도시가 있다.

그리고 이곳 옛 터 가운데는 1992년 이스탄불 한인교회의 뜻있는 몇 분 성도님들과 윤대우 집사님의 이름으로 제작한 라오디게아 교회에 대한 한글판 안내문이 있으며, 주위에서는 3~4월이면 40~50개의 벌통으로 양봉업을 하는 현지 터키인들의 모습을 찾아볼 수 있었다.

(2) 발굴과 유적

① 님프에임(The Nymphaeum)

1961년부터 1963년까지 캐나다 라벨(Laval) 대학의 진 데스 가그너(Jean des Gagniers) 교수팀에 의해 3세기 이전에는 세워지지 않았던 정교한 님프에임, 또는 분수형 집을 발견하였다. 이곳에는 사각형 우물과 반원형의 분수 2개와 저장실들이 있었다.

② 경기장과 경기

키케로(Cicero)의 편지가 증명하고 있듯이 그 내용 가운데 "내가 얘기할 수 있는 또 다른 하나는 호르텐시우스(Hortensius) 2세가 검투사 양성을 위해서 라오디게아에 머물렀다."라고 기록되어 있으며, 이 경기장의 길이는 1,000피트로서 당시 부유한 집안들에 의하여 티투스(Titus)에게 바쳐졌다. 이 경기장의 동쪽에는 하드리안 황제를 위해 세워진 체육관과 목욕탕이 있다.

③ 연극장

하드리안과 시저(Caesar) 황제를 위하여 A.D. 136~137년에 세워진 건축물 하나가 큰 연극장 자리에서 발견되었다.

④ 신과 여신

동전과 비문에는 라오디게아에서 숭배했던 많은 신들과 여신들이 그려져 있는데 그중에 가장 유명한 신은 제우스 라오디게누스(Zeus Laodicenus) 신이었다.

⑤ 예언과 의술

라오디게아인들은 예언의 신 아폴로(Apollo)와 치료의 신 아스클레피오스(Asklepios)를 숭배했다. 이곳에서 아폴로 선지자를 기록한 클라로스(Claros)의 비명 25개를 발견하였다. 또 이 도시로부터 북서쪽 1.2마일 떨어진 곳에는 맨카로우(Men Karou) 신전이 있는데 이곳은 의학학교로 유명하다.

(3) 지역의 특징

첫째, 부유한 도시였다. 은행과 고리대금업자들이 많은 금융의 중심지였는데 다른 도시보다 부유하고 생활이 넉넉한 지역이었다. 그래서 길리기아(Cilicia) 지방의 감독인 키케로(Cicero)는 유대인들이 예루살렘에 보내는 약 20파운드의 금을 빼앗았으며, B.C. 51년에 소아시아를 여행할 때에는 이곳에서 두 달 동안 머물면서 수표를 현금으로 교환해 간 일이 있었다고 기록하고 있다.

이 도시는 외부의 경제 원조 없이 재건되고 부흥되었기에 당시 라오디게아의 경제력이 상당했음을 입증해 주고 있다. 또한 넓고 기름진 땅에 목양과 목화 재배가 활발하여 모사직물과 면직물 공업으로 널리 알려진 유명한 도시이기도 하다.

둘째, 미지근한 물이 흘렀다. 히에라폴리스(Hierapolis)의 뜨거운 유황온천물이 9km 떨어진 라오디게아에 도착하면 식어져 미지근해지고, 또 골로새 뒷산에서 흐르는 차가운 물도 리커스(Lycus) 평야를 거쳐 이곳에 오면 차지도 뜨겁지도 않은 미지근한 물로 변하는 특별한 지역이다. 블라익(Blaiklock)은 말하기를 "라오디게아의 물은 사람을 치료해 줄 만큼 뜨겁지도 않고 그렇다고 기갈을 해소시켜 줄 만큼 시원하지도 않다. 게다가 물 속에는 이물질이 많이 혼합되어 있어서 이 물을 마시게 되면 구역질이 나고 이따금씩 구토까지 일으킨다."라고 서술하였다. 그래서 이곳 사람들은 눈병, 귓병이 많아서 라오디게아의 토산약인 고약과 안약으로 그 병들을 치료하였다고 전해지고 있다.

셋째, 의학이 발달한 도시였다. 이 도시는 세계적으로 유명한 헤로필로스(Herophilos, B.C. 330~250년)가 "혼합된 병은 혼합된 약을 원한다."라는 제조법의 원칙을 내세워 합병진단법과 합병치료법을 채택하여 그 제조법을 창안했던 곳이다. 또 이곳은 그의 의료법에 따른 의과대학이 있었고, 귀앓이와 눈병에 특효약인 고약과 안약을 만드는 제약회사도 있었으며, 그리고 당시 유명했던 즉기스(Zeuxis)와 알렉산더 빌라데스(Alexander Philaleths)라는 의학교수의 이름이 동전에 새겨졌던 사실도 기록으로 남아 있다.

▲ 라오디게아 교회의 옛 터 위에서

(ㄴ) 말씀과 교훈 – 부요하나 실상은 가난한 자

"라오디게아 교회의 사자에게 편지하기를 아멘이시요 충성되고 참된 증인이시요 하나님의 창조의 근본이신 이가 가라사대 내가 네 행위를 아노니 네가 차지도 아니하고 더웁지도 아니하도다 네가 차든지 더웁든지 하기를 원하노라 네가 이같이 미지근하여 더웁지도 아니하고 차지도 아니하니 내 입에서 너를 토하여 내치리라 네가 말하기를 나는 부자라 부요하여 부족한 것이 없다 하나 네 곤고한 것과 가련한 것과 가난한 것과 눈먼 것과 벌거벗은 것을 알지 못하도다 내가 너를 권하노니 내게서 불로 연단한 금을 사서 부요하게 하고 흰옷을 사서 입어 벌거벗은 수치를 보이지 않게 하고 안약을 사서 눈에 발라 보게 하라 무릇 내가 사랑하는 자를 책망하여 징계하노니 그러므로 네가 열심을 내라 회개하라 볼지어다 내가 문 밖에 서서 두드리노니 누구든지 내 음성을 듣고 문을 열면 내가 그에게로 들어가 그로 더불어 먹고 그는 나로 더불어 먹으리라 이기는 그에게는 내가 내 보좌에 함께 앉게 하여 주기를 내가 이기고 아버지 보좌에 함께 앉은 것과 같이 하리라 귀 있는 자는 성령이 교회들에게 하시는 말씀을 들을지어다"(계 3 : 14~22).

이 본문의 말씀은 라오디게아 교회의 신앙과 영적 상태를 잘 표현해 주고 있다.

첫째, 먼저 그들의 신앙은 "차지도 아니하고 더웁지도 아니하도다."(15절)라고 했다. 여기서 '차다(프쉬크로스 ψυχρός)'는 것은 얼음이 얼 정도의 냉기를 의미하며, '덥다(제스토스 ζεστός)'는 것은 물이 끓을 정도의 뜨거움을 가리킨다. 즉, 신앙의 상태가 전혀 믿음이 없는 것도 아니고, 그렇다고 해서 펄펄 끓을 정도로 열정적이지도 않음을 가리킨다.

하나님의 은혜와 능력을 전혀 체험해 본 적이 없는 율법적이고, 바리새적인 사울이 처음에는 그리스도를 핍박했으나 다메섹에서 부활하신 예수를 만난 후 뜨겁고 열정적인 복음의 사람이 되었다. 그래서 유명한 헬라어의 대신학자 트렌치(Trench)는 '미지근한(Lukewarm)'이라는 말을 주해하면서 "찬 것은 오히려 뜨거움에 도달할 변화의 가능성이 있으나 미지근한 것은 그것 자체가 종착역이다."라고 말했다.

둘째, 17절에 "나는 부자라" 했는데 이것은 라오디게아인들의 육적 부유함과 거만함을 나타내고 있다. 앞서 언급했듯이 라오디게아는 부유한 도시였기에 은행가, 무역업자 등 많은 부자들이 운집해 살았으며 그들의 자랑은 두 개의 극장과 호화찬란한 검투사 경기장으로서 이것은 사치스러운 부자들의 눈요기거리였다. 전하는 일설에 의하면, 그들은 집집마다 화폐 대신 금덩어리를 보유했으며, 게다가 세계에서 가장 품질이 우수한 그들의 모사는 윤기 있는 검정색과 보라색으로 매우 인기가 높았다. 또 은행업, 무역 또는 고리대금으로 돈을 많이 번 사람들은 주말이면 모사옷을 입고 고급 요정에서 산해진미를 즐기며 최고급 술에 취해 극치의 환락을 누렸다. 그들은 스스로 "나는 부자라 부족한 것이 없다."라고 말할 정도였다고 한다.

셋째, 17절에 "눈먼 것"이라 한 것은 그들이 특수한 안약과 의학 학교가 있었던 것과는 달리 영적 시각장애자가 되어 영적 분별력을 잃어버렸음을 뜻하며, "벌거벗은 것"은 그들의 검정색 양모가 유명했던 것과는 달리 그들이 영적으로 벌거벗었음을 말해 주고 있다. 라오디게아 교인들은 육적으로는 부요했지만 실상 영적으로는 가난하다는 사실을 인식하지 못하고 스스로 부요한 체 하는 영적 착각 속에서 살았다.

그럼 어떻게 하면 라오디게아 교인들의 영적 병을 치료할 수 있을까? 바로 18절에서 세 가지 방법의 치유법을 설명해 주고 있다.

첫째는 "불로 연단한 금을 사는 것"이다. 이것은 베드로전서 1장 7절과 찬송가 376장 4절의 믿음, 즉 산 믿음, 큰 믿음, 참 믿음을 가리키는 것이며 충만한 믿음을 말해 주고 있다.

둘째는 "흰옷을 사서 입는 것"이다. 이것은 의의 옷, 즉 예수 그리스도를 통하여 사죄함을 얻고 의롭다 하심을 입은 자의 모습을 말하는 것이다. 라오디게아의 검은 광택 나는 양모가 아니라 인간의 모든 죄와 허물을 덮으시는 예수 그리스도의 은혜와 속죄의 흰옷이요, 세마포를 입는 것이다.

마지막 치료법은 "안약을 사서 바르는 것"이다. 이것은 영적 세계를 바라볼 수 있는 성령의 전망력과 판단력이다.

이제 라오디게아의 영적 상태와 오늘 우리들의 영육간의 병을 치료할 수 있는 길은 오직 믿음 충만, 예수 충만, 성령 충만임을 알 수 있다.

이곳 현장에서 은혜 받은 순례단원 일행은 간단하게 기도회를 가졌다. 필자가 라오디게아 교회에게 하신 요한계시록 3장 16~19절 말씀을 봉독한 뒤에 디트로이트 순복음교회 담임 이병열 목사님의 찬송 인도로 "열어 주소서, 내 눈을 열어 주소서, 열어 주소서, 주님 바라볼 수 있도록 열어 주소서, 열어 주소서.……" 하면서 간절히 찬송을 불렀다. 그리고 다함께 머리 숙여 "주여! 우리들의 마음속에 다시 한번 믿음으로, 예수로, 성령으로 충만 충만케 하옵소서.……" 하고 합심 통성기도를 드렸다.

오늘 순례를 다 마친 일행은 별 5개가 있는 골로새 호텔(Colossae Hotel)에 여장을 풀었으며 이 지역에서 유명한 온천욕을 즐기면서 하루의 피로를 풀었다.

제9장
말씀으로 이기는 교회

▲ 빌라델비아의 사도 요한 교회

여덟째날(Eighth Day)

　1999년 3월 21일 월요일 오전 8시 30분. 필자의 인도로 아침 출발기도회를 시작했다. 다같이 찬송가 178장을 부른 후 요한계시록 1장 1~3절 말씀을 봉독했다.
　"예수 그리스도의 계시라 이는 하나님이 그에게 주사 반드시 속히 될 일을 그 종들에게 보이시려고 그 천사를 그 종 요한에게 보내어 지시하신 것이라 요한은 하나님의 말씀과 예수 그리스도의 증거 곧 자기의 본 것을 다 증거하였느니라 이 예언의 말씀을 읽는 자와 듣는 자들과 그 가운데 기록한 것을 지키는 자들이 복이 있나니 때가 가까움이라"
　리치먼드 한인침례교회 유병학 목사님께서, "하나님 아버지 감사를 드립니다. 오늘도 초대교회를 순례할 때 하나님의 은혜와 복을 주셔서 새롭게 진리의 말씀을 깨닫고 능력으로 충만케 하옵소서. 건강으로 기쁨으로 충만케 하옵소서.……"라고 출발기도를 드렸다.

히에라폴리스(Hierapolis)

히에라폴리스는 "거룩한 도시"라는 뜻을 가지고 있다. 평지보다 높은 해발 약 750m의 리귀스 계곡의 언덕 위에 있으며, 골로새로부터 약 16km 북서쪽에 위치하고 있다. 이곳은 온천수로 인한 침전에 의하여 마치 옐로우스톤(Yellowstone)에 있는 맘모스(Mammoth) 분수처럼 빛나는 하얀 석회석 언덕은 저 라오디게아에서도 명확히 볼 수 있다. 그래서 이 지역은 파묵칼레(Pamukkale, 목화성)라고 불리는데, 마치 목화송이로 뒤덮인 성과 같다고 해서 붙여진 이름이다.

이곳은 다양한 칼슘이 함유된 온천 물이 공기 중의 이산화탄소와 만나 석회석으로 변하면서 형성된 천혜의 비경이며, 온천물은 섭씨 35~50도로 특별히 심장병, 소화기 장애, 신경통에 효과가 있다고 전해져 로마의 황제들도 이곳을 찾았다고 한다.

이 도시의 창건에 대해서는 두 가지 설이 전해지고 있다. B.C. 197년과 159년 사이에 현존하는 최고의 비문 중 버가모 왕의 유메네스

(Eumenes) 2세의 어머니에 관한 것과 체리코버(Tcherikover)가 말한 이곳이 셀루키드(Seleucids)의 도시였다는 설이 있는데, 연극장에 있는 비문에 셀루키드 왕국의 이름이 있는 사실을 발견함으로써 전자보다 후자의 견해가 더욱 지지를 받고 있다.

약 3세기 동안 라오디게아의 그늘에 있었던 이 도시는 A.D. 1세기 말엽부터 융성하기 시작하다가 2~3세기에 더욱 번성하였다.

1957년부터 이탈리아의 고고학자 파울로 버존(Paolo Verzone)에 의하여 대대적인 발굴 작업이 이루어져 많은 유물이 발견되었다.

이 지역의 유적들을 살펴보면, A.D. 3세기 이전 것이 아닌 것으로 전염병을 치료하기 위하여 희생제물을 바쳤던 아폴로 신전, 아폴로 신전 남쪽에서 플루토늄(Plutonium)을 발견하였고, A.D. 204년에는 3,000명을 수용할 수 있으며 50개의 좌석열이 있는 연극장, 검투사 경기나 야생동물쇼를 관람할 수 있는 연극장, 그리고 약 1,200개의 묘지와 300개 비문이 있는 공동묘지가 있다.

▲ 히에라폴리스 뒷산에 올라가는 오광섭 · 현성운 목사

빌립 순교 기념교회
(The Church of Philip the Martyr)

이 교회는 히에라폴리스 도시의 성곽 뒤편에 위치한 8각 형태로 빌립의 순교를 기념하여 세운 교회이다. 이 교회는 A.D. 5세기에 건립되었다. 1957년과 1958년에 이루어진 발굴작업으로 그 모습을 드러냈는데 폭 20m, 길이 20m의 정방형으로서 순례자들을 위하여 만들어 놓은 여덟 개의 작은 예배처가 상기한 방을 축으로 나뉘어 있다.

사도 빌립은 열두 사도 중 한 사람으로서 갈릴리 지방 벳새다 출신의 유다 사람이었다. 본래는 세례 요한의 제자였던 것으로 생각되지만 뒤에 예수님을 따라 전도하였으며(요 12 : 20~23), 예수님이 십자가에 못박히는 광경을 보았고, 예수님의 승천 후 예루살렘의 다락방에 모인 사람 가운데 한 사람이었다(행 1 : 12~14). 그는 아들과 함께 초대교회를 이끈 목회자였으며 복음을 증거하다가 우상숭배자들로부터 매를 맞고 감옥에 갇혔는데 결국 그는 그 감옥에서 순교하고 말았다. 이후 기독교가 공인된 후 그가 숨진 곳인 히에라폴리스에 빌립 순교 기념교회를 세우게 되었다.

이곳에 묻힌 빌립은 두 빌립 중 하나인데, 예수님의 제자 빌립(요 12 : 21), 또는 집사(전도자) 빌립(행 6 : 5)이다. 람세이(W. M. Ramsay)는 이곳의 주인공을 예수님의 제자 빌립이라고 규정하였으나 브루스(F. F. Bruce)는 이 교회가 집사 빌립을 기념하는 곳이라는 입장을 보이고 있다. 또, 역사가 유세비우스(Eusebius)는 이곳에는 빌립 집사가 네 명의 딸과 함께 묻혀 있다고 말했다.

▲ 빌립 순교 기념교회에서

이곳 순교의 현장 속에서 단원 일행은 함께 모여 기도회를 가졌다. 조 선교사님이 요한복음 6장 1~15절을 봉독한 후에 예수님께서 빌립에게 하신 말씀을 기억하면서, 버지니아 제일장로교회 담임 오광섭 목사님께서 "좋으신 하나님 좋으신 하나님……"을 찬송 인도하신 후, "오 하나님이시여, 빌립의 순교현장을 순례할 수 있도록 은혜 주심을 감사드립니다. 앞으로 우리들의 목회현장에서 오직 예수님 중심으로 주님만 위하여 살게 하옵소서. 죽게 하옵소서. 빌립의 발자취를 따라가게 하옵소서.……"라고 기도하였다.

이후 모든 일행이 단체 기념촬영을 한 뒤에 밖으로 나오니 터키 상인들이 한국말로 "뚜딸라" "뚜딸라"라고 외쳤다.

빌라델비아(Philadelphia)

▲ 빌라델비아 교회의 옛 터

(1) 역사적 배경

신약에는 '사랑'을 뜻하는 용어가 네 가지가 있는데 첫째는 아가페($\dot{a}\gamma\acute{a}\pi\eta$)로 주기만 하는 사랑(to give only)이며, 둘째는 필리아($\phi\iota\lambda\acute{\iota}a$)로 주고받는 사랑(to give and to take)이며, 셋째는 스톨게($\sigma\tau o\rho\gamma\acute{\eta}$)로 가족 사랑(family love)이며, 넷째는 에로스

($\epsilon\rho\omega\varsigma$)로서 성적 사랑(sexual love)이다.

빌라델비아(Philadelphia)란 필리아(사랑)와 델피아(형제)가 합쳐진 복합명사로 "형제사랑" 혹은 "형제애"를 뜻한다.

이 빌라델비아 도시는 서머나 안쪽으로 통하는 길목에 있고 사데에서부터 40km 지점에 위치하고 있다. 이 도시는 B.C. 2세기 아탈루스 필레델피아(Attalus Philadelphia) 혹은 후계자인 그의 동생 유메네스(Eumenes)에 의하여 지어졌고, 그 뒤 B.C. 159~138년에 버가모 왕 아탈루스가 이 도시를 성축하고 그 이름을 빌라델비아로 명명하였다. 그러던 중 133년에 로마로 귀속되었다.

1세기 당시 이 도시는 전략적으로 교통의 요충지가 되어서 사데, 버가모를 거쳐 로마로 갈 수 있는 관문이었고, 대지진으로 도시가 파괴되었지만 B.C. 19년에 디베리우스(Tiberius) 황제가 도시 재건에 큰 도움을 주어 그 은혜에 감사하여 이곳 시민들이 이 도시명을 네오 가이사랴(Neo-Caesarea)로 바꾸었다. 그러나 네로 황제 통치 때에 원래 이름으로 다시 바꾸었다.

이곳은 지진이 자주 일어났고 주로 농업과 목양을 하는 농민들이 살았던 작은 도시이며 유명한 농산물은 포도이다. 사도시대 때에는 약 1,000명 정도 살았고 현재는 약 7만 명이 살고 있으며 포도나무를 많이 재배하고 있다. 터키 지명으로 알아세히르(Alasehir)라는 이름으로 불리고 있다.

(2) 발굴과 유적

이곳에서는 폼페이우스(Pompeius)와 하드리아누스(Hadrianus)의 동상과 카라칼라(Caracalla)의 돌기둥들뿐만 아니라 아데미 아나이티스(Artemis Anaitis : 페르시아의 아나히트, the Persian

Anahital), 아데미 에페시아(Artemis Ephesia), 헬리오스(Helios), 디오니소스(Dionysos), 제우스(Zeus) 그리고 아프로디테(Aphrodite)의 수많은 신전들이 발굴되었다.

A.D. 6세기에 건축된 빌라델비아 기념교회인 요한교회가 황폐된 상태로 현재 3개의 기둥만 유적으로 남아 있다.

(3) 지역의 특징

이곳 주민들은 디오니소스(Dionysos, 술신)를 숭배하였다. 그들은 디오니소스 신전에서 경배를 드릴 때 포도주를 마시며 춤을 추며 향락을 즐겼다고 한다.

또 이 도시는 몬타누스(Montanus) 예언이 처음으로 행해졌던 곳 중의 하나로, 이 예언은 빌라델비아로부터 단지 15마일 위쪽에 있던 헬무스(Hermus) 계곡의 아르다바브(Ardabav)에서 행해졌다.

또한 이곳은 몬타니즘(Montanism) 운동이 생겨나게 된 원천 중의 하나였음이 틀림이 없는데, 이 운동은 이단적이라고 하기보다는 교파적인 성격을 띠고, 터툴리안(Tertullian)의 지지를 받았다.

그리고 언급했듯이, 이 빌라델비아 도시는 특별히 화산과 지진이 많아서 고층 건물들이 들어서지 못했고 이로 말미암아 다른 도시보다 크게 발전하지 못했다. 트렌치(R. C. Trench)는 말하기를, "소아시아에 있는 어떠한 도시도 이 도시만큼 격렬하고 잦은 지진으로 인해 어려움을 당한 도시는 없다."라고 했고, 헤머(C. J. Hemer)는 "1969년 지진으로 인해서 파괴된 수없이 많은 집들과 건물들이 있던 터를 방문했었다"라고 했다.

(4) 말씀과 교훈 – 말씀으로 이기는 교회

"빌라델비아 교회의 사자에게 편지하기를 거룩하고 진실하사 다윗의 열쇠를 가지신 이 곧 열면 닫을 사람이 없고 닫으면 열 사람이 없는 그이가 가라사대 볼지어다 내가 네 앞에 열린 문을 두었으되 능히 닫을 사람이 없으리라 내가 네 행위를 아노니 네가 적은 능력을 가지고도 내 말을 지키며 내 이름을 배반치 아니하였도다 보라 사단의 회 곧 자칭 유대인이라 하나 그렇지 않고 거짓말 하는 자들 중에서 몇을 네게 주어 저희로 와서 네 발 앞에 절하게 하고 내가 너를 사랑하는 줄을 알게 하리라 네가 나의 인내의 말씀을 지켰은즉 내가 또한 너를 지키어 시험의 때를 면하게 하리니 이는 장차 온 세상에 임하여 땅에 거하는 자들을 시험할 때라 내가 속히 임하리니 네가 가진 것을 굳게 잡아 아무나 네 면류관을 빼앗지 못하게 하라 이기는 자는 내 하나님 성전에 기둥이 되게 하리니 그가 결코 다시 나가지 아니하리라 내가 하나님의 이름과 하나님의 성 곧 하늘에서 내 하나님께로부터 내려오는 새 예루살렘의 이름과 나의 새 이름을 그이 위에 기록하리라 귀 있는 자는 성령이 교회들에게 하시는 말씀을 들을지어다"(계 3 : 7~13).

빌라델비아 교회는 믿음의 시련중에서도 복음과 사도들의 가르침에 충실하여 서머나 교회와 함께 주님께 칭찬을 받았다. 이 교회는 빌립의 네 딸(행 21 : 7~14)들 같이 예언하는 암미아(Ammia)의 은사를 통하여 빌라델비아 교회가 부흥 성장하는 데 큰 도움과 힘을 얻었다.

위의 본문 말씀 속에 나타난 주님은 거룩한 성 새 예루살렘을 열고 닫는 권위의 상징인 다윗의 열쇠를 가진 분이었으며 그 열쇠는 권능의 열쇠(마 25 : 10), 사망과 음부의 열쇠(계 1 : 18) 그리고 만

물을 다스리는 열쇠(엡 1 : 22)였다. 이 열쇠는 오직 이기는 자들에게만 주시겠다는 하나님의 약속이요 축복의 말씀이었다.

먼저, 빌라델비아 교회의 특징과 그들의 신앙은 어떠했나?

첫째, 일반적으로 이 교회는 다른 교회보다 강하고 우월했다고 하지만 주님은 "적은 능력"(8절)을 가지고 있었다고 말씀했다. 이 말은 이 교회 성도들의 신분, 지위, 재정, 외적 능력, 숫자가 약하고 변변치 못했다는 것을 말한다. 그럼에도 불구하고 그들은, "내 말을 지키며 내 이름을 배반치 아니하였도다"(8절)라고 했다. 또 빌라델비아 교인들은 유대인들로부터 온갖 시련과 유혹을 받았으며, 혈통적으로 선민이 되어 오직 자신들만이 하나님나라를 소유했다고 하며, 예수 그리스도를 메시아로 인정하지 않는 불신앙 즉 "사단의 회"(9절)로부터 박해를 받았지만 그들은 말씀을 지켰다.

둘째, 그들은 사람의 편(유대인)에 서 있지 않고 그리스도의 편에 굳게 서서 말씀대로 살며 주의 이름을 부인하지 않았다. 주의 말씀에서 벗어나는 것은 변질이요 배교이며, 주의 이름 외에 다른이름을 부르는 것은 영적 간음이다. 교회가 교회 안에서 예수 이외에 어떤 다른 이름을 높이는 것은 타락으로 빠지는 첫 징조이다.

여기서 우리는 주님께서 원하시는 것이 무엇인가를 알아야 한다. 주님은 우리들의 교회가 얼마나 크냐, 적으냐, 그리고 성도들의 직분이 높으냐, 낮으냐를 보시는 것이 아니라 비록 우리가 가지고 있는 믿음과 달란트가 약하고 부족하지만 오히려 그것이 주님을 위하여 얼마나 사용되고 있는가 그렇지 않은가를 주님께서는 깊이 관찰하신다.

셋째, 빌라델비아 교회는 "열린 문"(8절)을 가졌다고 했다. 이 문은 성도가 하나님 나라에 들어갈 때에 누구나 통과해야 할 문이다. 그들은 믿음의 시련 속에서도 복음과 사도들의 가르침에 따르며 충성 봉사하여 마침내 열린 구원의 문이요 영광스러운 천국의 문앞에

설 수 있게 되었다.

다음으로, 빌라델비아 교회에 주신 격려와 약속은 무엇인가?

첫째, 주님은 그들을 칭찬하셨다. 주님은 그들의 어려움을 아셨고 앞으로 닥쳐올 어려움도 알고 계셨다. 주님께서는 사랑하는 자를 끝까지 사랑하신다. 책임져 주신다. 붙잡아 주신다. 그리고 끝까지 승리하도록 인도해 주신다. 그럼 문제는 무엇인가? 우리 주님이 포기하기 전에 내가 먼저 미리 포기하면 결코 안 된다. 오직 주님만 꼭 붙잡아야 한다.

둘째, "시험의 때를 면하게 하리니"(10절)라고 하셨는데 이것은 성도의 종말론적인 복을 말한다. 즉, 여호와의 날에나 큰 환난 때에 주님께서는 신실한 성도들을 이 "시험의 때"를 무사히 통과할 수 있도록 인도하시고 축복하시겠다는 말씀이다.

셋째, "면류관을 빼앗지 못하게 하라"(11절), "이기는 자는 내 하나님 성전에 기둥이 되게 하리니"(12절)라고 약속하였다. 트렌치가 말했듯이, 빌라델비아는 지진이 자주 일어나 이곳 사람들을 불안케 했다고 했다. 지진은 건물의 기둥들을 무너뜨린다. 다시 집을 짓고 기둥을 세워도 또다시 무너뜨린다. 빌라델비아 성도들의 눈에 보이는 집들의 기둥은 약하여 무너지고 또 무너졌지만 믿음의 기둥만큼은 절대로 흔들리지 않았다. 무서운 지진의 불안도, 시험도, 고통도, 눈물도, 죽음도 그리고 이단도 빌라델비아 성도들을 결코 무너뜨리지는 못했다.

기둥은 어떠해야 하는가? 바로(신앙) 곧아야 한다. 휘어지면(좌, 우로 흔들림) 안 된다. 집(교회)을 떠 받친다. 바로 이 기둥은 말씀 위에 설 때 기둥의 사명을 감당할 수 있다.

개신교 신학의 핵심은 솔라 스크립튜라(Sola Scriptura), 오직 말씀 중심의 신앙이다. 신학적으로 성경(Bible)을 정경(Canon)이라 하는데 이것은 '자' '막대기' '규칙' 이라는 뜻이다. 그래서 인간의 모든 삶의 기본 규칙은 오직 성경에서부터 시작되고 성경으로 끝나야 된다. 개혁자 칼빈이 말한, "성경이 우리에게 가라 하면 가야 하고 멈추라 하면 멈추어야 한다."라는 오직 성경 중심의 신앙만이 이 시대의 진정한 기둥이 될 것이다.

오늘 우리에게도 빌라델비아 교회에게 말씀하신, "내가 속히 임하리니 네가 가진 것을 굳게 잡아 아무나 네 면류관을 빼앗지 못하게 하라"(11절)는 말씀이 임하여 주님 오시는 그날까지 항상 믿음과 말씀으로 이기는 성도, 승리하는 교회가 되어야 하겠다.

우리 순례단 일행은 승리했던 빌라델비아 옛 교회의 터 위에 서서, 필자의 요한계시록 3장 1~8절의 성경 봉독이 있은 후 필라델피아 갈보리한인침례교회 담임 이광영 목사님께서 기도 인도를 해주셨다.

"하나님이시여! 오늘 저희들에게 다윗의 열쇠와 천국의 열쇠를 주셔서 우리들 앞의 모든 문제가 해결되며 열리는 역사가 일어나게 하옵소서. 날마다 승리하는 교회, 성도, 가정들이 되게 하옵소서.……"

▲옛 빌라델비아 교회에서 기도하는 순례 일행

현재 옛 교회터는 약 300평 정도의 넓이이며 주위에는 5, 6층짜리 터키인들의 아파트가 있고, 시내 한가운데에 자리하고 있어서 소음이 심했다.

사데(Sardis)

▲ 사데 교회의 옛 터

(1) 역사적 배경

사데는 '남은 자' 혹은 '남은 물건'이라는 뜻이다. 이곳은 두아디라에서 동남쪽으로 약 48km 떨어져 있는 성읍이며 트몰루스 산(Mt. Tmolus) 줄기의 한 봉우리 위에 세워진 성채로서 삼면이 깎아지른 듯한 가파른 벼랑 위에 서 있다.

이곳은 B.C. 7~6세기경 옛 리디아(Lydia) 왕국의 수도로서 군사상, 상업상의 중심지였으며 특히 이곳 아크로폴리스(Acropolis)는 난공불락의 요새로 알려졌으나 B.C. 549년 페르시아 고레스(Gores, Persia)에게 점령당했고, 또다시 B.C. 218년에는 수리아의 안티오코스(Antiochus, Syria) 3세에 의하여 점령당했다. 그리고 B.C. 133년에 사데는 다른 버가모(Pergamum) 영토와 함께 로마의 생활권에 들어가게 되었다.

이 도시는 비옥한 헬무스(Hermus)유역의 농산물로 큰 부를 누렸고, 그 외에 모직공업, 자주업, 금은 보석의 세공법이 발달되었다. 또 이 도시는 그리스 철학의 아버지라 불리는 탈레스(Thales)가 태어난 곳이다. 현재 터키 명으로는 사아리리(Sahlili)라는 작은 도시이며 이곳으로 들어가는 입구에는 매년 여름에 하버드 대학과 프린스턴 대학의 고고학 연구팀들이 거주하는 2층짜리 하얀 집이 있다.

(2) 발굴과 유적

1910년부터 1944년까지 프린스턴(Princeton) 대학의 버틀러(Howard C. Butler)가 4년 동안 찾는 가운데 이곳을 발굴하였고 이후 하버드(Harvard) 대학의 한프만(G. M. A. Hanfmann) 교수가 지도하는 동양학연구팀에 의해 계속 작업을 진행하여 많은 유적들이 발굴되었다.

① 신위(Dities)와 신전(Temples)
사데의 수호신은 시벨리(Cybele)와 아데미(Artemis) 신이었다. 전자는 주로 사자를 안고 후자는 사슴을 안고 있는 모습을 하고 있

는데, 이에 대하여 람세이(W. M. Ramsay)는 양자가 똑같은 신이라고 했으며, 다른 학자는 다르다고 주장하고 있다.

B.C. 499년 크로에수스(Croesus)가 세운 고대 신전은 이오니아 혁명 때 파괴되었지만 이곳의 거대한 신전은 아데미에게 헌납된 것으로 가로 48m, 세로 90m의 기둥 78개의 기둥 중 2개는 약 17m의 높이로서 아직 그대로 남아 있다. A.D. 17년에 일어난 지진으로 신전이 파괴되었다. A.D. 138년 안토니우스 피우스(Antonius Pius) 황제가 보수하였고, 그때 그의 아내 파우스티나(Faustina)가 죽자 그녀를 신격화하여 아데미 신상과 나란히 함께 숭배하도록 하였다. 신전 옆에 있는 작은 건물은 사데 교회인 것으로 보이며 이곳의 이교도 신앙이 기독교화된 모습을 볼 수 있다.

② 유대인 회당과 체육관(Synagogue and Gymnasium)
안티오쿠스(Antiochus) 3세가 메스포타미아에 살던, 전쟁에 능한 유대인 고참병 1,600여 세대를 리디아로 이주시킴으로써 이곳에 유대인 공동체가 형성되었다. 역사가 요세비우스(Eusebius)는 줄리어스 시저가 이 도시에 살고 있는 유대인들에게 많은 특권을 부여했다고 하는데, 하나는 과거의 전통에 따라 얼마든지 돈을 모아서 그것을 예루살렘에 보낼 수 있게 하였고, 다른 하나는 신앙의 자유를 허락했다고 한다.

이곳 비문에 의하면, 이곳의 유대인들은 금세공업에 많이 종사하였고 그 중의 일부는 시의원이 되었다고 기록되어 있다. 또 이곳 유대인들은 회당 옆에 체육관을 짓고 사데 교회의 성도들을 핍박하였다고 한다.

(3) 지역의 특징

사데는 일찍이 금화를 처음으로 만들어 이웃 도시국가들에게 보급하였다. 리디아 왕국이 세계사에 있어 중요한 의미는 금, 은으로 만든 동전을 처음으로 사용했다는 것이다. 당시 이곳보다 문명이 앞선 이집트에서도 동전을 만들어 사용치는 못했다. 이곳 리디아 왕국의 동전은 사데의 왕위 표시인 사자머리가 새겨져 있으며 처음에는 53대 37의 구성비율로 은과 금을 섞은 호박 색깔의 동전을 주

▲ 사데 교회에서

조했으나 후에는 크로에수스 왕 때에는 순수한 금과 은으로 화폐를 만들어 전세계에 보급시켜 부로 명성을 떨쳤다. 이 금화는 현재 보즈댁(Bozdag)이라고 불리는 트몰루스 산에서 작은 팍토루스(Pactolus) 강으로 흘러내려오는 사금을 채취하여 녹여 만든 것이다.

(4) 말씀과 교훈 — 살아 있으나 죽은 교회

"사데 교회의 사자에게 편지하기를 하나님의 일곱 영과 일곱 별을 가진 이가 가라사대 내가 네 행위를 아노니 네가 살았다 하는 이름은 가졌으나 죽은 자로다 너는 일깨워 그 남은 바 죽게 된 것을 굳게 하라 내 하나님 앞에 네 행위의 온전한 것을 찾지 못하였노니 그러므로 내가 어떻게 받았으며 어떻게 들었는지 생각하고 지키어 회개하라 만일 일깨지 아니하면 내가 도적같이 이르리니 어느 시에 네게 임할는지 네가 알지 못하리라 그러나 사데에 그 옷을 더럽히지 아니한 자 몇 명이 네게 있어 흰 옷을 입고 나와 함께 다니리니 그들은 합당한 자인 연고라 이기는 자는 이와 같이 흰 옷을 입을 것이요 내가 그 이름을 생명책에서 반드시 흐리지 아니하고 그 이름을 내 아버지 앞과 그 천사들 앞에서 시인하리라 귀 있는 자는 성령이 교회들에게 하시는 말씀을 들을지어다"(계 3 : 1~6).

하나님의 일곱 영(성령)과 일곱 별(사자)을 가지신 주님께서는 처음으로 받은 순결한 신앙은 다 잊어버리고 이제 영적으로 무기력하고 퇴보된 사데 교회를 향하여 말씀하였다.

첫째, 사데 교회의 무기력한 영적 상태는 어떠하였는가?

사실상 사데 교회는 선한 행위로 잘 알려진 교회였으나 그들은 "네 행위"(1절), 즉 그들은 예배와 모임과 가르침이 있기는 했으나 그것들은 온전치 못했다. 그래서 그들은 철저히 형식적인 신자로 변하여 뜨거운 복음의 열정과 진정한 헌신이 결여된, 외적으로 죽은 신앙의 상태가 되고 말았다. 바로 이 죽은 신앙이 사데 교회의 책망거리가 되었다. 아데미 신을 숭배하는 일이나 마음을 빼앗아가는 돈과 세상의 쾌락이 그들 속에 보이지 않는 우상이 되어 마침내 그들의 마음을 빼앗아 갔으며 죽은 신앙의 상태로 만들고 말았다. 그래서 주님께서는 진리에 대한 갈망도, 영적 성장에 대한 몸부림도 없는 사데 교회를 향하여 "네가 살았다 하는 이름은 가졌으나 죽은 자로다"(1절)라고 단도직입적으로 책망하셨다.

이 모습은 마치 오늘날의 교회가 외적으로는 의무 이행, 세례교인, 정통신학, 각종 예배와 집회, 프로그램 등을 다양하게 구비하고 있으나 내적으로는 "경건의 모양은 있으나 경건의 능력은 부인하는 자"(딤후 3 : 5)가 되어 버린 것과 같다.

둘째, 그들을 향한 주님의 영적 처방은 무엇이었는가?

첫째로 '처음 복음을 들었을 때'의 기쁨과 감격과 영적 희열을 잊어버리지 말라고 말씀하셨다(3절). 즉 우리가 처음 주님을 영접하고 복음을 들었을 때에 어떻게(How) 받았으며 그리고 무엇을(What) 들었는지를 깊이 생각해야 할 것이다.

둘째로 '회개하라(3절, 메타노에숀 $μετανόησον$)'고 말씀하셨다. 이것은 확실한 회개를 명하는 것으로 세상의 모든 것을 완전히 버리고 배설물로 여기라는 말인데, 세속을 즐긴 후 뉘우치고, 또 죄 짓고 먹고 마시고 난 뒤 회개하는 것이 아니라, 하나님을 향하여 완전히 돌아서는 것이다.

셋째로 '지키다(3절, 테레이 $τήρει$)'라고 말씀하셨다. 이 말씀은 현재 명령형으로서 그리스도의 말씀과 복음적인 명령에 대한 완전 순종을 가리키는데 이것은 한순간에 완성하는 것이 아니라 항구적으로 지속되는 진정한 순종의 삶을 말한다.

넷째로 '일깨우라(3절, 그레고레세스 $γρηγορήσης$)'는 말은 항상 조심하고 늘 깨어 있는 영적 자세를 말한다.

사데는 난공불락의 도시였으나 아크로폴리스를 방어하는 사람들의 경계 소홀로 인하여 멸망당하고 말았다. 왜 천연적인 요새인 사데 성이 멸망했을까?

페르시아 군대는 암벽으로 된 사데 성을 2주간씩이나 포위하고 있었지만 난공불락의 요새를 도저히 쳐들어갈 수가 없었다. 그런데 어느 날 사데 성을 지키고 있던 중 깜박 잠이 들어 철모를 떨어뜨린 한 병사가 그것을 주우려고 바위 쪽으로 기어 내려오고 있을 때 그 광경을 본 페르시아 군인들이 그 길을 그대로 따라 올라가서 철벽 사데 성을 함락시켰다. 아무리 난공불락의 요새라 할지라도 반드시 하나의 허점이 있다는 사실을 가르쳐 주는 교훈이다.

마지막으로, 이기는 자에게 약속하신 삼중적 복은 무엇인가?

첫째, 이기는 자는 장차 '흰옷을 입을 것'(4절)이라고 했는데 이 흰옷은 하나님의 의요, 승리요, 영광을 상징한다.

둘째, "그 이름을 생명책에서 반드시 흐리지 아니하겠다."(5절)라고 했는데, 이 말씀의 복은 그리스도와의 순결한 관계가 영구히 지속될 뿐만 아니라 죽음이 우리를 그리스도의 생명으로부터 결코 분리시킬 수 없다는 확실한 증거요 약속의 징표이다.

셋째, "그 이름을 내 아버지 앞과 그 천사들 앞에서 시인하리라"(5절)고 했다. 이 말씀은 주님께서 하나님과 그 천사들 앞에서 우리들의 이름을 고백할 뿐 아니라 우리가 하나님 나라의 시민임을 확증시켜 주는 은혜이다(마 10 : 32, 눅 12 : 8).

이제 우리는, 외적으로는 아무런 어려움이나 핍박이 없어 보이지만 죽은 사데 교회의 영적 상태를 향하여 말씀하신 '살아 있는 교회'와 '이기는 자'가 되기 위해서 항상 깨어 있어야 한다. 앞으로 계속 마귀의 궤계를 이기고 환난날에 승리하기 위해서는 늘 영적으로 무장하고 그리스도의 재림에 대비한 신부의 순결을 지켜야 한다.

이곳, 주님께서 친히 약속하시고 책망하신 사데 교회의 현장에 온 순례단은 필자의 인도로 다같이 찬송가 162장을 부른 후 기도회를 가졌다. 뉴저지 프린스턴영광교회 담임 윤사무엘 목사님이 요한계시록 3장 1~6절 말씀을 봉독한 후에 뉴욕 미주 고은교회 담임 정석기 목사님이 "하나님 감사합니다. 하나님의 뜻과 인도하심 가운데 역사의 현장에 오게 하시고 잠자는 심령들을 깨워 주심을 감사드립니다. 주여, 세속화되지 않도록 깨워 주시고 복음으로 재무장시켜 주옵소서.……"라고 간절히 기도를 드렸다.

45번 선상에서의 '가정생활 세미나'

사데 교회에서 약 65km 떨어져 있는 두아디라 교회를 향하여 순례단원들은 지방도로 45번을 타고 약 1시간 30분 동안 특별관광버스로 계속 달리고 있었다.

이 귀중한 막간의 시간을 이용해 일행 가운데 시카고 미드웨스트 장로교회를 섬기시며 미주한인교회여성전국연합회 회장이신 허정숙 박사님을 초청하여 가정생활 세미나 시간을 가졌다. 허 장로님은 환갑이 넘은 분으로서 일찍이 한국 계명대학교 교육과와 장로회신학대학원을 졸업하고 남편(고 이경화 장로님, 1956년에 도미하여 기계공학을 전공한 후 건축기계회사를 경영하시다가 간암으로 별세함)을 따라 1963년에 도미한 후 한국 여성으로는 최고령자로서 1988년 시카고에 있는 멕코믹 신학대학원(McCormick Theological Seminary)에서 박사(D. Min.)학위를 취득하였다.

허 장로님은 어려운 박사과정 속에서도 병석에 누워 있는 남편의 "여보, 빨리 가서 열심히 공부하시오. 졸업식에 꼭 참석하겠소."라는 위로의 말이 끝까지 공부하여 학위를 받을 수 있도록 용기를 주었다고 간증하였다. 현재 허 박사님은 지금까지 인도하신 에벤에셀의 하나님과 그 은혜와 복에 감사하며 시카고를 중심으로 오와이오, 워싱턴, 플로리다 그리고 러시아까지 달려가서 종횡무진하면서 가정 세미나, 여성지도자론 그리고 평신도목회와 사역에 대하여 강의하고 있다고 하였다. 그러는 가운데 순례단원 중 한 사람이 되어서 성지 순례를 하게 된 것이다.

그분의 "행복한 가정 만들기"라는 글을 하나 소개하고자 한다.

결혼이란 화려한 식장에서 받은 결혼반지, 또는 시청이나 법정에서 받은 결혼증서로 다 된 것은 아니다. 진정한 결혼은 남편과 아내가 평생을 두고 행복을 이루어가는 과정이라 하겠다. 그 주어진 과정을 복되고 즐겁게 수행하기 위해서는 부부가 서로를 배우고 알고 이해하며 노력해야 한다.

▲ 가정 세미나에서 특강하는 허정숙 박사

첫째, 대화

가정상담자에 의하면 가정 불화의 큰 요인 중의 하나가 건전한 대화를 하지 못하는 데서 온다고 한다. 대화를 하기 위해 우리는 대화의 기술도 배우고 아름답고 긍정적이고 남을 격려하는 말들, 소위 천국방언들을 연습할 필요가 있다. 가슴이 닿는 대화란 듣는 훈련과 눈과 눈의 만남(Eye Contact)이 중요하다.

둘째, 수용

결혼을 했으면 남편이나 아내의 그 모습을 그대로 받아들이고 이해하는 것이 중요하다. 좋은 남편을 원하면 남편을 길들이기에 앞서 자신이 먼저 좋은 아내가 되라는 말로서 "남에게 대접을 받고자 하는대로 네가 먼저 남을 대접하라."는 황금률을 말하고 있는 듯하다.

셋째, 용서

인간은 누구나 불완전하므로 실수할 수 있다. 부부는 한몸이 되었으므로 남편 또는 아내의 실수가 곧 나의 실수임을 알고 인자함으로 서로 용서하고 감싸주어야 한다.

넷째, 역할의 존중

남편은 가정의 가장으로 아내는 가정의 주부로 그 역할을 존중히 여기며 매사에 함께 의논하고 결정해 나가야 한다.

다섯째, 행복한 가정의 열쇠

행복한 가정의 열쇠는 주부들의 것이다. 우리는 소중한 것이 들어 있는 열쇠는 잘 간직하고 함부로 하지 않는다.

두아디라(Thyatira)

▲ 두아디라 교회의 옛 터

(1) 역사적 배경

'두아디라' 라는 말은 "두아의 성읍"이라는 뜻이다. 이곳은 버가모 남쪽으로 약 80km 가량 떨어져 있으며 사데까지는 약 65km 정도 떨어진 곳에 위치해 있다. 이 도시는 B.C. 300년경 수리아 왕 셀레우쿠스(Seleucus, Syrian King) 1세에 의해서 헬라식 도시로 건설되어 로마제국 시대인 1세기 때는 상공업도시로 부흥 발전하였다. 특히 로마군인들이 소아시아의 로마 행정수도였던 버가모 도시를 보호하기 위하여 이곳을 요새화시켰다.

두아디라는 마케도냐의 식민지였으며 로마시대 당시에는 플리니(Pliny) 장로에 의하여 '하찮은 지역(A city of no first-rate dignity)'이라고 불렸다. 람세이의 말에 의하면 당시 이곳 주민들은 모직업, 자주업, 가죽업, 빵제조업, 노예매매업, 토기제조업, 구리업에 종사했다고 한다.

이곳은 옛 이름으로는 펠로피아(Pelopia) 혹은 유힙피아(Euhippia)였으나 오늘의 터키명으로는 악히사르(Akhisar)라는 이름으로 약 6만 명 정도의 인구가 살고 있는 중소도시이다.

(2) 발굴과 유적

두아디라의 문화는 거의 언급이 없으므로 이 도시에 대하여서는 거의 대부분 비문들과 동전을 통해서 알 수 있다.

줄리오-클라우디안(Julio-Claudian) 시대의 비명들은 대부분 남아 있지 않으나 플라비안(Flavian) 시대의 비문들이 많이 남아 있다. 이곳에서 발견된 동전들에 의하면 아폴로 티림네우스(Apollo Tyrimnaeus)와 세베루스 알렉산더(Severus Alexander)의 로마 신전이 있었다. B.C. 190년경에는 로마의 식민지로서 태양신 아폴로(Apollo), 아데미(Artemis), 삼바다(Sambatha) 등의 신전이 있었다.

현재, 이곳에는 A.D. 600년경에 세워진 두아디라 기념교회의 석축 기둥과 단장만 남아 있으며 이 교회는 요한기념교회로 처음 세워졌다.

(3) 지역의 특징

첫째, 염색 기술이 발달했다.

1872년 메르쯔데스(Mertzides) 교수가 이곳에서 대리석에 기록된 그리스어의 비문을 발견했는데 거기에 "자주색 옷감을 염색하는 자들 가운데 아주 두드러지는 시민이자 후원자인 리쿠스(Lykus)의 아들인 두아디라 태생의 안티오쿠스(Antiochus)로부터 대단한 찬사를 받은 도시였다."라고 기록되어 있었다.

사도 바울이 빌립보에서 복음을 전할 때 두아디라 성에서 온 자주색 옷감 장사하는 루디아란 여자가 복음을 듣게 되었고(행 14 : 4), 그때 루디아는 빌립보에까지 대리점을 두면서 장사한 것으로 보이며, 그 여자의 자주색 옷감을 염색하는 기술은 뛰어났다고 전해지고 있다.

이 자주색의 원료는 두 가지인데 하나는 지중해 연안에서 많이 잡히는 소라나 조개 등에서 원료를 채취하였다. 이것은 소라의 아구에서 한두 방울 나오는 자주색 원료를 사용하였기 때문에 그 자주색깔이 빠지지 않고 오랫동안 제 색과 윤기가 나서 제일 비쌌다고 한다. 그리고 이 자주색은 부와 권력을 상징하기도 했다.

또 다른 하나는 식물의 뿌리에서 얻어지는 자주색 원료이다. 이것은 이 지역에서 나는 인조 꼭두서니(Madder)의 나무뿌리에서 원료를 채취하는데 이 나무뿌리를 물 속에 오래 담가두면 자주색 물이 우러난다. 여기에서 루디아는 전자의 원료를 채취하여 자주색 천을 제조하여 고급 옷감을 만들었다고 전해지고 있다.

둘째, 계조합이 성행했다.

이 도시는 자주색 옷감을 염색하는 일 외에도, 구리를 이용하여 로마군인의 철모 만드는 산업, 면직, 모직, 가죽, 빵제조업, 노예매

매, 질그릇 등의 수공업이 발달했었다.

헤머(C. J. Hemer)는 말하기를, "이곳의 뚜렷한 현상은 상업조합의 출현으로 의류조합, 빵 굽는 자들의 조합, 구두장이의 조합, 옹기장이의 조합, 직조업자들의 조합, 양모업자들의 조합, 노예매매인 조합, 구리세공인과 염색하는 사람들의 조합들이 있었다."라고 했다. 이 조합들 가운데 가장 단결력이 강한 조합은 유대인들이 가졌던 섬유조합이었다.

셋째, 트림나스(Tyrimnas) 신전의 음행이 있던 곳이다.

이곳 사람들은 이 도시를 수호하는 트림나스 신을 숭배하였다. 이 신은 태양신 아폴로와 동일시되었고 이후에는 아폴로가 성육신했다고 믿는 황제숭배로 이어졌다. 이 도시에서 성행하던 각 계조합은 트림나스 신전과 밀접한 관계를 맺고 이 신전의 후원조직으로 겟돈의 일부를 신전에 바쳤고, 또 겟날이 되면 그들은 이곳 신전에 모여서 제사를 드리며 우상의 고기를 먹고 술을 마시며 이곳 승려들과 음행을 저질렀다.

넷째, 이단 몬타니즘(Montanism)이 있었다.

A.D 150년경 이 도시에서는 몬타니즘 이단이 일어났다. 육은 악하고 영은 선하다고 주장하며 그리스도의 성육신을 부인하는 영지주의(Gnosticism)들과 달리 몬타니즘은 체험으로만 신앙을 알고자 하는 광적인 신비주의였다.

이 운동은 이교도 제사장이었던 몬타누스(Montanus)가 기독교로 개종하였으나 여전히 그리스도의 복음을 세속종교 속에서 이해하면서 자기 자신만이 성령에 사로잡혔다고 하면서 예언을 하였다. 후에는 남편을 버리고 지식주의를 반대하면서 체험만을 강조했고, 최초의 방언운동가로 알려진 막시밀라(Maximila)와 프리스길라(Priscilla)도 이 운동에 참여하였다.

▲ 두아디라 교회터 앞에서

그들은 하나님의 직접계시와 추가적인 특별계시를 주장하면서 영적 황홀경에 몰입하여 광적이며 불규칙적인 헛소리를 하였다. 초대교회와의 관계를 반대하였고, 또한 그들은 자신들을 통한 성령의 발현으로 새 시대가 도래하였다고 선포한 뒤에 보다 엄격한 도덕적 생활로써 결혼 취소, 법률적으로 금식 제정, 헌물이라는 미명 아래 재물 확보, 기성교회에 대한 부정적 견해 발표를 일삼았으며, 자신들의 교리를 전파하는 자에게만 특별급료를 지불했다. 이로 말미암아 몬타니즘의 극단적인 성령운동은 교회에 무질서를 가져왔고 마침내 두아디라 교회가 이세벨의 교훈을 용납하고 광신적 신비주의인 몬타니즘에 휩쓸려 결국 2세기에 문을 닫고 말았다.

(4) 말씀과 교훈 – 거짓 교훈을 용납한 교회

"두아디라 교회의 사자에게 편지하기를 그 눈이 불꽃 같고 그 발이 빛난 주석과 같은 하나님의 아들이 가라사대 내가 네 사업과 사랑과 믿음과 섬김과 인내를 아노니 네 나중 행위가 처음 것보다 많도다 그러나 네게 책망할 일이 있노라 자칭 선지자라 하는 여자 이세벨을 네가 용납함이니 그가 내 종들을 가르쳐 꾀어 행음하게 하고 우상의 제물을 먹게 하는도다 또 내가 그에게 회개할 기회를 주었으되 그 음행을 회개하고자 아니하는도다 볼지어다 내가 그를 침상에 던질 터이요 또 그로 더불어 간음하는 자들도 만일 그의 행위를 회개치 아니하면 큰 환난 가운데 던지고 또 내가 사망으로 그의 자녀를 죽이리니 모든 교회가 나는 사람의 뜻과 마음을 살피는 자인 줄 알지라 내가 너희 각 사람의 행위대로 갚아 주리라 두아디라에 남아 있어 이 교훈을 받지 아니하고 소위 사단의 깊은 것을 알지 못하는 너희에게 말하노니 다른 짐으로 너희에게 지울 것이 없노라 다만 너희에게 있는 것을 내가 올 때까지 굳게 잡으라 이기는 자와 끝까지 내 일을 지키는 그에게 만국을 다스리는 권세를 주리니 그가 철장을 가지고 저희를 다스려 질그릇 깨뜨리는 것과 같이 하리라 나도 내 아버지께 받은 것이 그러하니라 내가 또 그에게 새벽 별을 주리라 귀 있는 자는 성령이 교회들에게 하시는 말씀을 들을지어다"(계 2 : 18~29).

이 본문의 말씀 속에서 두아디라 교회는 사랑과 믿음, 섬김과 인내로 주님께 칭찬을 받았지만 이와 동시에 세상과 타협한 것을 정당화하여 자칭 거짓 선지자 이세벨의 교훈을 용납하고 우상 제물을 먹고 행음하는 그들을 책망하였다는 교훈을 발견할 수가 있다.

그 결과 주님께서는 이세벨을 향하여 "침상에 던질 것"(22절)을 예고하였고 그와 더불어 함께 간음한 자들에게는 "큰 환난 가운데 던지겠다."(22절)라고 경고하셨다.

그러므로 우리들은 하나님의 말씀을 지키고 파수하는 것보다 세속의 교훈들과 적당히 타협하면서 자기 자신의 편리함을 앞세우면서 회개할 기회(겔 18 : 30~31)조차 거절하는 자(시 7 : 12)들에게는 반드시 최후의 멸망이 있다는 사실을 발견해야 할 것이다.

그렇다면 거짓 교훈을 용납지 않고 끝까지 이기는 자와 지키는 자에게 어떤 보상을 주시겠다고 약속하셨는가?

첫째, 이기는 자에게는 "만국을 다스리는 권세"(26절)를 주시겠다고 했다. 이 약속은 시편 2편 8~9절 말씀을 성취하겠다는 것으로서 장차 오실 메시아가 온 세상에서 왕 노릇하실 때에 모든 성도들이 그와 더불어 왕 노릇하게 될 것을 예언하고 있다.

둘째, "새벽 별을 주리라"(28절)고 약속하였다. 이 별은 그리스도 자신이며 그의 부활과 재림, 왕권을 상징한다. 옛날 고대 사람들은 저녁 별이 그들의 조상들이 죽고 난 후에 생기는 것으로 여겼으나 주님의 빛나는 새벽 별은 끝까지 말씀을 파수하며 교회를 지키고 충성하는 자에게 주실 보상이다.

이제 마지막 때에 살고 있는 성도들은 주의 말씀을 인내하며 끝까지 잘 지켜서 새벽 별 되신 주님의 평강과 기쁨을 누려야 될 것이다.

이곳에 머문 순례단원들은 필자의 인도로 찬송가 393장을 부른 후 뉴욕 성도교회 이성우 전도사님이 요한계시록 2장 18~29절 말씀을 봉독한 후 LA한길감리교회 담임 유태엽 목사님이 "하나님, 믿음의 발자취를 순례할 수 있도록 기회 주심을 감사드립니다. 이번 순례를 통하여 배울 것은 배우게 하시고 잘못된 행위는 꼭 버리게 하옵소서. 순례의 현장을 통하여 더욱더 믿음의 길로 걸어가게 하옵소서.……" 하면서 기도를 드렸다.

버가모(Pergamum)

▲ 버가모교회의 옛 터

(1) 역사적 배경

　버가모라는 말은 '이중 결혼' 혹은 '결혼 산'이라는 뜻을 가지고 있다. 이곳은 에베소에서 북쪽으로 약 75마일 떨어져 있으며, 서머나에서 북쪽으로 약 45마일 정도 떨어져 위치하고 있다.
　B.C. 334년 알렉산더 대왕이 죽은 후 리시마쿠스(Lysimachus)

가 이 지역을 통치하였고, B.C. 283년에 아텔래러스(Attelaerus)가 스스로 왕이라고 칭하여 버가모 왕국을 탄생시켰다. 버가모 왕국의 계보는 B.C. 283~263년에는 필레티루스(Philetaerus), B.C. 263~241년에는 유메네스 1세(Eumenes Ⅰ), B.C. 241~197년에는 아탈루스 1세(Attalus Ⅰ), B.C. 197~159년에는 유메네스 2세(Eumenes Ⅱ), B.C. 159~138년에는 아탈루스 2세(Attalus Ⅱ), B.C. 138~133년에는 아탈루스 3세(Attalus Ⅲ)였다. 바로 앞서 세 왕들은 약탈자인 갈라디아인들이 스스로 목숨을 끊는 광경을 동상으로 세웠고, 유메네스 2세는 갈라디아인들에 대한 아탈루스 1세의 승리를 기념하는 제우스 신전과 시립도서관을 세웠다. 그리고 아탈루스 2세는 아테네에 있는 집회장에 116m 길이의 훌륭한 주랑(Stoa)을 세웠다.

이 도시는 390m 높이의 가파른 산 위에 세워져서 매우 찬란한 도시였다고 람세이(W. M. Ramsay)는 격찬하였다. 또 외적에 대한 강력한 방어력을 갖춘 천연 요새지가 있어서 약 300년 동안 소아시아의 수도로서 이 지역을 지배하였다. 이곳은 당시 양피지의 본산지였으며 현재는 터키명으로 퍼가몬(Pergmon)이라는 소도시로서 약 3만 명 정도가 살고 있다.

또한 이곳의 집들은 태양열을 이용하여 많이 세워졌으며 군데군데마다 펩시콜라 사인들이 특별히 눈에 많이 띄었다.

(2) 발굴과 유적

1870년 쉴리만(Schiermann)이 트로이(Troy)에서 놀랄 만한 발견을 한 것을 시작으로 1878년에 독일인 칼 휴만(Carl Humann)과 그 외 2인이 버가모 상층도시를 발견하였고 되르펠트(W. Dörpfeld)와 스카츠만(P. Schatzman)은 중간층과 하층지대를 발굴하였다. 이곳에서 발굴된 유적들은 다른 지역보다 많이 있다.

① 제우스 신전(Zeus Altar)
이 신전은 헬레니즘 문화(Hellenistic Art) 중 가장 대표적인 것으로 신전 구조는 법정과 같으며 흡사 말발굽 모양으로 112 내지 120피트였고 거대한 장식띠는 신들과 거인들이 싸우는 광경을 묘사하고 있다.
이 신전은 제2차 세계 대전 때 방공 대피소로 이용되었으나 연합군의 폭격으로 파괴되었고 현재는 신전의 밑바닥 부분만 남아 있다.

② 도서관
이집트 알렉산드리아 다음으로 가는 큰 도서관으로서 당시 안토니(Mark Antony)가 클레오파트라(Cleopatra)에게 제공한 것으로 20만 권의 책을 보유하고 있었던 것으로 전해지고 있다.

③ 연극장(The Theater)
아테네 신전 바로 남쪽에는 일만 명의 관객을 유치할 수 있는 경사진 극장이 있었다. 이 연극장의 무대는 맨 윗줄로부터 122피트 아래에 자리잡고 있으며 관객들은 아마도 긴 현관을 산책했었을는지도 모르며 이 연극장에서 펼쳐지는 광경은 참으로 압권적이었을 것이라고 추측된다.

④ 체육관(Gymnasium)
이 경기장은 로마시대 때 교육과 사회 공동생활의 가장 중요한 중심지였다. "시청, 회관, 휴게실, 학교, 황제 숭배를 위한 장소와

같은 다양한 기능들을 지녔던 이 체육관들은 오늘날의 소아시아 도시들에서는 주된 집결지로서의 궁궐이나 신전으로 대체되었다."라고 한프만(G. M. A. Hanfmann)은 설명하였다.

이곳 버가모 지역에는 3개의 경기장이 언덕에 인접해 있었는데, 위쪽 경기장은 20세 이상의 청년 남자들, 중앙경기장은 청소년들, 아래쪽 경기장은 어린 소년들을 위한 것이었다.

⑤ 황제 숭배(The Imperial Cult)
버가모는 로마가 동맹국으로 승인한 아시아 도시들 가운데 하나로서 로마 황제들을 숭배하는 가장 중요한 지역으로 유지되어 왔다. B.C. 133년 아탈루스(Attalus) 2세는 그의 왕국을 로마인들에게 양도했으며 B.C. 63년에 줄리어스 시저(Julius Caesar)는 이곳에 자신의 동상을 세워 숭배를 받았다.

이곳 버가모 사람들은 아우구스투스(Augustus) 황제 동상 앞에서 그의 생일을 맞아 성가대의 찬양 40곡으로 찬양하였고, 특별히 이곳에서 가장 돋보이는 황제 트라야누스(Trajanus) 신전은 가로 68m, 세로 58m 규모로서 도시 성곽의 가장 높은 곳에 세워져 있다.

⑥ 신전(Temples)
버가모에 지금까지 서 있는 가장 거대한 건물은 '붉은 교회(Red Basilica)' 혹은 '홀(Hall)'이라고 불리는 건물로 언덕 밑부분에 자리잡고 있는 신전이다. 이 신전은 트라야누스(Trajanus)와 하드리안(Hadrian)에 의해서 세워졌으리라 추측되는데, 이 건물은 세라피스(Serapis), 이시스(Isis), 하포크라테스(Harpocrates)와 같은 이집트 신들을 위하여 만들어진 신전들이다. 이 건물의 내부 뜰은 가로 100m, 세로 200m이며 중앙건물은 지면에서 16m 높이이며

두 개의 둥근 탑들이 옆에 위치하고 있다.

⑦ 아스클레피온(Asklepieion) 신전

이 신전은 그리스에 있는 에피다우루스(Epidaurus) 다음가는 아주 중요한 치료센터로 유명한 곳이다. 이 성소에 대해 고고학적, 문학적 증거물을 통하여 볼 때 A.D. 2세기 때 가장 명성을 떨쳤으며 820m 길이의 "성스러운 길(Sacred Way)"과 근접해 있다. 이곳 아스클레피온은 가로 110m, 세로 130m를 확보하고 있고 세 군데의 스토아(주랑)를 갖추고 있으며 하나는 북동쪽에서 성소 경내로 들어오는 것이다. 북서쪽 모서리에는 3,500명을 수용하는 극장과 남쪽 모서리에는 남녀를 위한 세면소가 있고, 남동쪽 모서리에는 2층으로 된 원기둥 모양의 건물로서 6개의 기둥이 있는데 치료센터로 사용되었다.

유명한 웅변가이자 고질병 환자였던 알리우스 아리스티데스(Aelius Aristides)는 A.D. 118년 무시아(Mysia)에서 출생하여 서머나, 버가모, 아테네에서 수학한 후 아주 훌륭한 전문가로 일하기 시작했으나 천연두, 호흡기 질환과 장질환으로 몇 년간 이곳 신전에서 요양을 했으며, 그는 이곳에서 산성백토를 참아냈고 추운 겨울날 맨발로 뛰었으며, 물이 불은 강에서 목욕을 하였고, 또 뜨거운 태양 아래서 50마일을 걸으면서 다른 환자들과 마찬가지로 잠복기(Incubation)의식을 수행하였다. 그리고 이 도시는 고대에 가장 뛰어난 의사 중 하나인 갈렌(Galen, A.D. 129년)의 출생지이기도 하다.

(3) 지역의 특징

▲ 버가모 교회에서

버가모는 책을 만드는 양피지 생산지로 유명해진 곳이다. 양피지의 원어는 버가모에서 유래된 말로서 페르가몬(Pergamon)이다. 버가모 왕국의 가장 큰 전성기를 이룬 유메네스 2세는 알렉산드리아의 궁정도서실보다 더 큰 도서실을 건립하기를 원했다. 그리하여 이집트의 에피파네스 프톨레미(Epiphanes Ptolemy, B.C. 205~182)로부터 갈대를 이겨 만든 파피루스지를 수입했지만, 그의 의중을 짐작한 이집트 왕이 파피루스 수출을 금지시켜 버렸다. 그러나 유메네스 2세는 파피루스 대신 카이쿠스(Gaicus) 계곡의 평야에서 목양되는 우양의 새끼 가죽으로 종이를 만드는 데 성공하여 마침내 세계 제일의 양피지를 사용하는 왕국이 되었다. 성경 디모데후서 4장 13절에 이것은 가죽 종이라고 번역되어 있으며 성경과 교부들의 문헌이 거의 이 양피지로 사용되었고, 이곳 도서관에는 약 20만 권의 서적들이 소장되어 있다. 또 이곳에는 세계 제일의 피지(Parchment) 공장이 지하에 파묻혀 있는 것도 볼 수 있다.

(ㄴ) 말씀과 교훈-사단의 위가 있고 발람의 교훈을 지킨 교회

"버가모 교회의 사자에게 편지하기를 좌우에 날선 검을 가진 이가 가라사대 네가 어디 사는 것을 내가 아노니 거기는 사단의 위가 있는 데라 네가 내 이름을 굳게 잡아서 내 충성된 증인 안디바가 너희 가운데 곧 사단의 거하는 곳에서 죽임을 당할 때에도 나를 믿는 믿음을 저버리지 아니하였도다 그러나 네게 두어 가지 책망할 것이 있나니 거기 네게 발람의 교훈을 지키는 자들이 있도다 발람이 발락을 가르쳐 이스라엘 앞에 올무를 놓아 우상의 제물을 먹게 하였고 또 행음하게 하였느니라 이와 같이 네게도 니골라 당의 교훈을 지키는 자들이 있도다 그러므로 회개하라 그리하지 아니하면 내가 네게 속히 임하여 내 입의 검으로 그들과 싸우리라 귀 있는 자는 성령이 교회들에게 하시는 말씀을 들을지어다 이기는 그에게는 내가 감추었던 만나를 주고 또 흰 돌을 줄 터인데 그 돌 위에 새 이름을 기록한 것이 있나니 받는 자 밖에는 그 이름을 알 사람이 없느니라"(계 2:12~17).

예수 그리스도의 세 번째 메시지는 이교도가 극심한 버가모 교회 안에 안디바와 같이 믿음을 굳게 지킨 자도 있었으나 오히려 우상의 제물을 먹으며 행음하는 니골라당의 교훈을 따르는 자들도 있었다는 것이다.

첫째, 버가모 교회의 모습은 어떠했는가?

버가모는 에베소나 서머나처럼 중요한 상업도시는 아니었지만 정치적, 종교적으로는 매우 중요한 도시였다. 에베소가 미국의 대도시 뉴욕과 같다면 버가모는 행정도시인 워싱턴과 같아서 로마에 있는 여러 도시 중의 공식적인 수도였다.

또한 이곳은 13절 "사단의 위가 있는 데"라 하여 우상 숭배와 제우스 신전을 비롯한 의료의 신들을 많이 섬겼다. 그러나 버가모 교회 성도들은 "사단의 거하는 곳에서 죽임을 당할 때에도 나를 믿는 믿음을 저버리지 아니하였도다"(13절)라고 하였듯이 믿음의 절개를 지켰다. 그것은 바로 "내 이름을 굳게 잡는다."(13절) 즉 어느 한 부분만 붙잡는 것이 아니라 한 치의 빈틈도 없이 전인격적으로 예수만 바라보고 붙잡는 오직 예수의 신앙이었다.

그런데 불행하게도, 또 다른 한편으로 교회 내에는 물질적, 사상적 풍요함을 누리고 세상의 영향을 받은 적당주의 신앙이 팽배하여 그것을 기회로 삼아 발람의 교훈을 따르며 우상의 제물을 먹는 니골라당의 교훈을 따르는 자들이 생겨났다. 이로 말미암아 니골라당의 유혹을 받은 버가모 교회가 세상과 타협하게 되었다. 그 이유는 바로 그들 스스로가 죄악에 대해 지나친 관용을 베풀었으며 또한 너무 약했기 때문이었다. 에베소 교회가 너무 엄격해서 첫사랑을 잊어버렸다면 버가모 교회는 너무 해이해져서 사단의 유혹에 관대해졌던 것이다.

둘째, 예수 그리스도께서 그들에게 어떻게 해주신다고 했는가?

예수 그리스도는 버가모 교회를 향하여 자기 자신을 "좌우에 날선 검을 가진 이"(12절)라고 하시면서 "내 입의 검으로 그들과 싸우리라"(16절)고 하였다.

이 경고의 말씀은 하나님께서 발람의 악행을 저지할 때(민 22 : 23)와 그를 심판하여 죽이실 때(민 31 : 8)에 칼로써 그 모든 일을 행한 것처럼 발람의 교훈을 따르는 자를 칼로 멸망시킬 것이라는 강한 메시지였다.

하나님은 말씀의 칼을 가지고 계신다. 히브리서 4장 12절에 "하나님의 말씀은 살았고 운동력이 있어 좌우에 날선 어떤 검보다도 예리하여 혼과 영과 및 관절과 골수를 찔러 쪼개기까지 하며 또 마음의 생각과 뜻을 감찰하나니"라고 하였다.

우리가 여기에서 분명히 믿는 사실은, 하나님의 말씀과 성령의 칼은 교회를 보호하며 성도들을 인도하신다는 것이다. 그러므로 이 칼은 사랑의 칼이요 공의의 칼이다.

셋째, 승리자에게 무엇을 주겠다고 약속하셨는가?

말씀과 믿음으로 승리하는 자에게는 감추었던 만나와 흰 돌을 주시겠다고 분명히 약속하셨다.

여기서 "감추었던 만나"(17절)는 모세가 언약궤에 감추었던 만나를 회상케 한 것으로(출 16 : 33), 버가모 성도들이 이방신들의 타락한 연회를 거절하고 믿음의 절개를 지킬 때에 분명히 예수 그리스도께서는 그의 나라에서 영원한 생명의 대잔치를 베풀고 생명의 떡(요 6 : 51)을 주실 것이라고 약속하신 복의 말씀이다.

또 "흰 돌"(17절)을 주겠다고 하셨다. 이 말씀은 옛날 경기 때에 승리자에게 흰 돌 위에 그들의 이름을 새겨주듯이 믿음을 지키고 오직 예수 그리스도에게 충성한 자들에게 주어질 승리의 상표요 징표이다. 그리고 이 흰 돌은 공식적인 축제에 참석할 수 있는 증표로서 장차 이기는 자들에게 주어질 어린양의 혼인잔치에 참여할 수 있는 또 하나의 표징이다.

이처럼 성도들은 믿음으로, 말씀으로 끝까지 지키는 자들이 되어 복된 삶을 누려야 한다. 이것이야말로 앞으로 구속받은 자들에게 주어질 은혜의 약속이요, 이기는 자들에게 주어질 큰 상급이다.

버가모 옛 터 위에 모인 순례단원들은 필자의 인도로 찬송가 539장을 불렀다. 그리고 필라델피아 양의문교회 담임 윤상철 목사님께서 요한계시록 2장 12~17절 말씀을 봉독한 후 테니시스 내쉬빌 한빛교회 최동갑 목사님께서 "지금까지 인도하신 하나님께 감사드립니다. 오늘 이곳 현장에 와서 듣게 하시고, 보게 하시며, 깨닫게 됨을 감사드리며 더욱더 복음을 강하고 뜨겁게 전하게 하옵소서. 복음의 빛을 세계 방방곡곡에 전하게 하옵소서.……"라고 간절히 기도드린 후 현장에서 전체 및 개인 기념촬영을 하였다.

오늘의 순례를 마친 일행은 북쪽 버가모를 출발하여 남쪽 방향으로 99km 떨어져 있으며 약 2시간 30분 정도 달려가야 할 서머나 지역을 향해 내려갔다. 저녁 7시 55분경, 서머나 중심가에 도착한 일행은 별 5개가 달린 이즈밀 프린세스 호텔(Izmir Princess Hotel)에서 여장을 풀었다.

제10장
첫사랑을 잃어버린 교회

▲ 에베소의 아데미 신상

아홉째날(Ninth Day)

　1999년 3월 22일 화요일 오전 8시 30분. 새 아침 새 날을 주신 살아 계신 하나님 아버지를 향하여 먼저 출발기도회 시간을 가졌다. 필자의 인도로 시작하여 다같이 찬송가 424장을 합창한 후에 에베소서 3장 7~13절을 봉독했다. 그리고 테니시스 한인연합교회 담임 김성은 목사님께서 "오늘도 함께하시는 아버지 하나님, 순례의 현장을 통하여 은혜 받게 됨을 감사드립니다. 오늘 하루의 순례 일정에 복 주시고 은혜 충만히 받게 하옵소서. 주여! 건강케 하옵소서.……"라고 대표로 기도해 주셨다.

서머나(Smyrna)

▲ 서머나의 폴리갑 기념교회

(1) 역사적 배경

서머나는 "몰약"이란 뜻으로 북쪽으로는 에오리스(Aeolis), 남쪽으로는 이오니아(Ionia)와의 경계에 있으며 에베소에서 약 35마일 떨어진 북쪽 해안에 위치하고 있다.

이곳은 B.C. 1000년 초 그리스에서 온 에오리안(Aeolian) 이주민에 의해서 창건되었으며 고대에는 이오니아(Ionia)의 도시였다.

그로부터 300여 년이 지난 B.C. 650~600년경에 이 도시는 리디아 왕 알야데스(Alyattes)에 의하여 파괴되었다. 이후 300년이 지난 B.C. 334년에 알렉산더 대왕이 대승을 거두어 다시 재건의 기회를 가졌는데 특히 알렉산더의 부하장군인 리시마쿠스(Lysimachus)가 동쪽의 제우스(Zeus) 신전과 서쪽의 키벨레(Cybele) 신전에 이르기까지 서머나 시를 확장시켜 재건하였다. 이곳은 해안도시로서 바다에서 내륙쪽으로 길게 뻗어 있는 만과 병풍처럼 도시를 둘러싸고 있는 두 개의 형제산인 시필(Sipil) 산과 니프(Nif) 산이 아름답게 조화를 이루고 있어서 아침에는 태양이 시필 산과 니프 산 사이에서 떠오르고 저녁에는 황혼의 아름다움과 함께 태양이 서머나의 바다 속으로 빠져들어 간다. 또 풍랑을 잔잔하게 하는 만은 항구로서의 좋은 입지조건을 제공하여 이곳을 계속 상업도시와 휴양도시로 발전하게 하는 데 기여하고 있다.

그래서 그리스 철학자 아리스티데스(Aristides)는, "이곳 서머나는 아시아의 자랑, 아시아의 꽃, 아시아의 단장, 그리고 아시아의 면류관이다."라고 격찬하였다.

현재 이곳은 터키명으로는 이즈밀(Izmir)이라는 이름으로서 터키의 3대 도시이며 약 450만 명의 사람들이 살고 있다. 또한 이곳 도시의 모습은 시내 한복판에는 터키의 국부 아타튀르크(Ataturk) 대통령의 동상이 우뚝 서 있고 강변 주위와 거리거리에는 종려나무와 야자수들이 아름답게 나란히 서 있다. 그리고 이 서머나 시에는 한인 선교사 몇 가정이 살고 있으며 최근에는 한인교회가 하나 설립되었고, 복음 증거하는 일은 다른 지역보다 개방적이어서 쉬운 편이다. 한국의 축구선수 차범근 선수의 이름이 이곳에 많이 알려져 있다.

(2) 발굴과 유적

B.C. 195년 서머나는 로마 도시를 숭배했던 도시로서 아시아의 11개 도시 중 황제 숭배를 위한 신전 청소부(neōkoros)로 선출되는 영예를 얻기 위하여 경쟁했으며 이로 말미암아 티베리우스(Tiberius) 황제에 의해 선택되었다.

그래서 서머나의 동전에는 로마 신전과 티베리우스 신전, 하드리안(Hadrian) 신전, 티케(Tyche) 신전과 네메시스(Nemesis) 신전이 그려져 있다. 또한 황제들에게 서머나의 충성을 묘사하는 것으로 황제의 모습이 담긴 동전을 포함해서 티투스(Titus)와 도미티안(Domitian) 황제에게 헌납된 것들이 있고, 그리고 도미티안과 트라야누스(Trajanus) 황제와 하드리안 황제의 동상들이 발견되었다.

이곳에서 트라얀 황제의 아버지는 수도를 건설하였고 A.D. 102~112년에 지방 총독 베비우스 툴루스(L. Baebius Tulls)가 이 수도를 다시 보수했다는 몇 개의 비명들이 발견되었다.

(3) 지역의 특징

첫째, 로마 황제의 숭배가 처음 시작 되었던 곳이다.

B.C. 195년 서머나 도시는 로마 황제의 숭배를 위하여 황제 신전을 세운 소아시아 도시들 가운데 최초의 도시였다.

1세기 후 로마군인들이 미트라다테스 4세(Mithradates Ⅳ)와의 전투에서 참패당하자 서머나 공회는 서머나인들의 옷을 벗겨 사기가 떨어져 있던 로마인들에게 주었다.

키케로(Cicero)가, "서머나는 우리의 가장 충성스럽고 가장 오랜 원조자다."라고 격찬할 만큼 서머나인들은 로마에 충성하였다고 한다.

공식적으로 이곳 서머나인들의 로마 황제 숭배는 A.D. 37~41년 갈리굴라(Galigula) 황제 직전 황제인 티베리우스(Tiberius) 황제를 숭배하기로 결정한 때부터 시작되었다. 갈리굴라는 로마시민이 아닌 사람에게까지 황제 숭배를 강요했으며 특히, A.D. 81~96년에 도미티안(Domitian) 황제는 자기 스스로 주와 신(Dominuset Deus)이라 칭하면서 자신을 숭배치 않는 자들에게는 큰 핍박을 가했으며 그 와중에 사도 요한도 에베소 교회에서 쫓겨나 밧모 섬으로 유배를 갔다.

이후 서머나인들은 로마 황제의 제례를 위한 신전을 세웠고 그 충성심을 인정받아 B.C. 23년 티베리우스(Tiberius) 황제를 위한 신전 건설의 특권을 따냈고 이로 인해 서머나는 로마 황제로부터 자치도시이며 자유도시로 승격될 수 있었다. 이와 반면, 이 지역을 점령한 로마인들은 이 도시를 신들의 도시로 만들어 시내 곳곳마다 수많은 제우스 신전들과 함께 로마 황제의 신전들까지 만들어서 결국 이 서머나 시를 이교문화와 종교의 집합처요, 그리고 황제 숭배의 중심지로 만들어 버리고 말았다.

둘째, 포도주로 유명한 도시이다.

이곳은 로마제국의 도시들 가운데 가장 세계적인 상업도시며 포도주의 명산지로 유명하다. 이 지역에서 나오는 포도주가 세계적인 명성을 얻게 된 이유는 바로 이곳 포도주가 독특한 향기를 지니고 있기 때문이다. 이곳 제조업자들이 포도주를 만들 때에 포도주 안에 꿀을 넣지 않고 단지 두 잔의 포도주 원액에다 다섯 잔의 물과 바닷물을 조금 가미해서 백묵가루와 대리석 가루를 섞어 희석시켜서 만든다고 한다.

또한 이곳은 에게(Ege) 지역에서 나오는 연초와 건포도를 비롯한 농산물, 대리석, 의류 및 피혁 수출로도 유명하다.

(4) 말씀과 교훈 – 궁핍하나 부요한 교회

"서머나 교회의 사자에게 편지하기를 처음이요 나중이요 죽었다가 살아나신 이가 가라사대 내가 네 환난과 궁핍을 아노니 실상은 네가 부요한 자니라 자칭 유대인이라 하는 자들의 훼방도 아노니 실상은 유대인이 아니요 사단의 회라 네가 장차 받을 고난을 두려워 말라 볼지어다 마귀가 장차 너희 가운데서 몇 사람을 옥에 던져 시험을 받게 하리니 너희가 십 일 동안 환난을 받으리라 네가 죽도록 충성하라 그리하면 내가 생명의 면류관을 네게 주리라 귀 있는 자는 성령이 교회들에게 하시는 말씀을 들을지어다 이기는 자는 둘째 사망의 해를 받지 아니하리라"(계 2 : 8~11).

일곱 교회 가운데 빌라델비아 교회와 함께 칭찬받은 서머나 교회는 유대인들의 핍박과 극악한 로마 황제의 숭배 강요에도 굴복하지 않고 끝까지 신앙의 절개를 지킨 교회였다.

첫째, 서머나 교회의 모습은 어떠했는가?

서머나 교회는 언제, 누구에 의해 세워졌는지 정확히 알 수 없으나 사도 바울 선교사역의 한 열매라고 추측할 수 있다(행 19 : 10). 여기에서 한 가지 분명한 사실은, 이 서머나 교회는 건전했고 영적으로 성숙하였기 때문에 주님께 책망과 비난을 받지 않고 오직 칭찬만 받았다는 사실이다. 정말, 그들은 믿음을 지키며 사명을 감당했던 자들이다.

본문 9절 말씀에 "네 환난과 궁핍을 아노니"라고 했는데 이 말씀은 그들이 환난과 궁핍 속에서도 불구하고 믿음을 지킨 부요한 믿음의 소유자라는 것이다. 즉, 그들의 어떤 사회적, 경제적인 여건 때문에 부요한 믿음을 가졌다는 것이 아니라 핍박자에 의하여 강탈, 압수, 고통을 당하며, 또 적대적 환경 속에서도 생계비를 벌기 위하여 극한 상황을 믿음으로 잘 견디며 사명을 감당했다는 것이다.

또 본문 9절 말씀에 "자칭 유대인이라 하지만 유대인이 아닌"(9절) 자들이 서머나 교인들을 핍박했다고 했다. 이들은 혈통적으로 유대인임에 틀림이 없으나 믿음으로는 유대인이 아닌 자들로서(롬 2 : 28) 하나님을 섬긴다는 미명 아래 교회를 핍박하고 하나님을 모독하였다. 유대인들은 기독교를 박해할 때에는 그리스도인들이 유대교에 입교할 가능성이 있는 자마저 그리스도인으로 다시 변화시켜서 그들로 하여금 로마제국을 충동질하여 황제 숭배를 거부케 하고 처형을 당하게 하였다.

당시 이교 세계는 그리스도인들을 핍박할 때에는 첫째로, "이것은 나의 몸이요, 이것은 나의 피라"는 성만찬의 말에 근거하여 그리스도인들은 식인종이라는 소문을 널리 퍼뜨렸으며, 둘째로, 공동체의 사랑의 잔치를 가리켜 그들을 부도덕하고 정욕적이며 방탕한 모임이라 정죄했으며, 셋째로 가족 중 누가 신자가 되면 나머지 안 믿는 가족과 분리되는 일에 대해 그리스도인들은 가정 파괴를 하고 가정관계를 악화시킨다고 했으며, 넷째로 이방인들은 성도들을 신상도 없이 예배한다 하여 무신론자로 몰아붙였으며, 다섯째로 성도들은 "가이사는 주"라고 말하기를 거부하였기에 불충성한 시민이요 잠재적 혁명가라고 비난했으며, 여섯째로 그리스도인들이 불과 멸망으로 끝나는 종말의 세계를 예언했다 하여 방화자라고 낙인 찍어 핍박하고 박해하였다.

특별히 로마 황제 숭배를 거부했다는 이유로 수많은 그리스도인들을 처형했으며 그 가운데에는 우리가 잘 알고 있는 서머나의 초대감독 폴리갑이 포함되어 있다. 그는 서머나의 열두 번째 순교자로 86세에 화형당했는데 "가이사는 주"라고 한 번만 고백하면 살려주겠노라는 지방총독 콰드라투스(Quadratus)의 권유에 폴리갑은,

"86년간 단 한 번도 예수님은 나를 섭섭하게 하시지 않았는데 내 어찌 나를 구속하신 내 왕을 욕하겠소!"라고 대답하고는 담대히 화형장으로 나섰다.

이처럼 동족의 핍박과 로마제국의 박해가 제아무리 극심하다 해도 예수 그리스도에 대한 신실한 사랑을 저버리지 않고 죽음의 골짜기로 걸어갔던 서머나 교회의 순교자들이야말로 주님 앞에 칭찬받을 자요 큰 상급을 받을 자인 줄 확실히 믿는다.

둘째, 그들에게 나타난 주님의 모습은 어떠했는가?

예수 그리스도는 서머나 교회가 파괴되었다가 다시 재건된 것처럼 "죽었다가 살아 나신 이가 가라사대"(8절)라고 하여 모든 그리스도인들에게 부활의 산 소망을 주셨다.

또한, 주님은 "네가 죽도록 충성하라 그리하면 내가 생명의 면류관을 네게 주리라"(10절)고 약속하셨다. 여기에서 면류관(스테파노스 stevfano″)은 왕관(디아데마 diavdhma)을 뜻하는 것이 아니다. 이 면류관은 운동경기에서 우승한 선수에게 주어지는 월계관이요 승리의 면류관이다. 그리스도인들은 하나님의 운동선수들이다.

경기 코스는 멀고 힘들고 험한 길이다. 그것은 경기자의 전심전력을 요구한다. 그리스도인들은 항상 주어진 푯대를 향하여 전심전력하며 사력을 다하여 달려갈 때에 분명히 승리의 면류관을 받을 줄 믿는다.

우리는 영적인 운동선수가 되어서 영적 경기장에서 끝까지 싸우고 승리해야 할 것이며, 온갖 핍박과 박해가 온다 할지라도 믿음의 정절을 지켜야 한다. 그때 우리 앞에 주어질 생명의 면류관(약 1 : 12), 썩지 않을 면류관(고전 9 : 25), 자랑의 면류관(살전 2 : 19), 의의 면류관(딤후 4 : 8), 영광의 면류관(벧전 5 : 4) 그리고 앞으로 서머나 성도들이 받을 생명의 면류관을 우리 모두 받을 수 있기를 축원한다.

이곳 옛 서머나 교회 현장에는 폴리갑 기념교회가 세워졌다. 이 서머나 교회는 사도 요한의 수제자 폴리갑 감독이 시무하여 목회한 곳으로 이 지역에서 말씀을 증거하며 믿음을 지키다가 A.D. 155~156년에 순교하였다. 이 교회는 1517년에 세운 교회로서 현재 매주일 가톨릭 신자들 10여 명이 모여서 예배드리고 있다.

이 교회 앞 삼거리 주위에는 종려나무와 야자수들이 많이 있으며 옆에는 20층짜리 고급 힐튼호텔(Hilton Hotel)이 우뚝 서 있다. 이곳에서 필자는 로마의 티베리우스(Tiberius) 황제 숭배를 거부하고 믿음을 지킨 폴리갑 감독의 기념교회를 바라보면서 그의 기도문을 깊이 묵상했다.

"나는 당신이 오늘날 이 시간에 성령의 불멸성 안에서 영과 육이 다함께 영원한 생명으로 부활하기 위하여 순교자의 반열과 당신의 그리스도의 잔에 참여할 수 있게 허락하여 주신 것을 감사하나이다. 그리고 오늘 내가 당신 앞에 서 있는 저들의 자리에 값지고 흠향하실 수 있는 제물로 받아주시기 바랍니다. 그리고 거짓 없이 진실하신 하나님이 이미 길을 예비하시고 우리에게 모범을 보이시고 이루어 주신 것이옵니다. 이를 인하여 나는 모든 것을 찬양하나이다. 나는 하늘의 대제사장 예수 그리스도 당신의 독생자를 통하여 당신께 감사와 영광을 돌리나이다. 그 아들을 통하여 오늘날과 앞으로 다가올 세세토록, 독생자와 성령으로 더불어 영광을 받으시기를 기원하나이다. 아멘."

이곳 순교의 현장인 서머나 폴리갑 기념교회당 안에서의 순례일행은 필자의 예배 인도로 찬송가 383장을 힘차게 불렀다. 이어서 아이오와 디모인 한인감리교회 박희철 박사님이 요한계시록 2장 8

~11절 말씀을 봉독한 후에 말씀 증거하는 시간을 가졌다.
　46명 일행 중 설교자를 선택하는 일은 단장으로서 그리 쉬운 일이 아니었다. 마침 똑같은 교회 이름을 가진 필라델피아 서머나 교회를 담임하시는 박등배 목사님을 소개한 뒤에 그 목사님에게 말씀을 전하도록 하였다. 강단에 등단한 박 목사님은 감격과 상기된 기쁜 마음으로 외쳤다.
　"부족한 사람을 이 귀한 폴리갑 기념교회에 와서 말씀을 전하게 하심을 하나님께 감사드립니다. 첫째, 주님께서는 서머나 교회에, '네가 죽도록 충성하라' (10절)고 말씀하셨는데 이 말씀을 우리들 마음판에 다시 한번 새기시길 바랍니다. 이 말씀은 현재 중간태 명령형으로서 과거의 순교자들이 순교하기까지 충성하며 오직 그리스도에 대한 믿음만을 지킨 것처럼, 우리도 죽기까지 오직 충성하고 믿음을 굳게 지켜야 될 줄 믿습니다. 저희들은 폴리갑 순교자처럼 순교의 제물로 꽃을 피워야 될 것이며 그 향기로 주님께 드려지는 주의 종들이 되어야 할 것입니다. 꼭 시대적 사명을 감당하며 믿음을 지켜야 합니다. 로마의 티베리우스 황제에게 숭배하지 않고 믿음을 굳게 지킨 서머나 교회의 성도들과 같이 그리고 폴리갑의 위대한 신앙을 본받아서 하나님께 영광 돌리며 시대적인 사명을 잘 감당하는 사명자들이 되어야 하겠습니다. 앞으로 우리가 주님 앞에 설 때 개털모자 받는 자들이 되지 마시고 서머나 교회처럼 칭찬을 받아 생명의 면류관을 받으시길 바랍니다. 오늘 우리 일행이 피의 현장인 서머나 기념교회에 와서 '왔노라! 배웠노라! 보았노라!' 라고 외치면서 순교의 결단과 새로운 영적무장으로 21세기를 향하여 이 시대의 사명을 잘 감당하는 주의 종들이 되시길 주님의 이름으로 축원합니다!"
　이후, 필자의 인도로 간절히 합심 통성기도한 후에 리치먼드 한인연합감리교회 현성윤 목사님의 축도로 예배를 마쳤다.
예배를 마친 후, 순례 일행은 뉴욕, 필라델피아, 시카고, 워싱턴, 내쉬빌, LA 지역별로 그룹별 기념사진 촬영을 하였다.

▲ 폴리갑 기념교회에서

누가의 묘(Tomb of Luke)

사도 누가는 헬라인으로 안디옥 출신이다.

누가의 아버지는 엔카(Enca)이고 그의 어머니는 이리스(Iris)였다. 부모들은 로마의 판사 디오도로스 시리누스(Diodoros Cyrinus)의 아버지인 푸리스쿠스(Puriskus)의 종이었다. 푸리스쿠스는 누가 아버지의 헌신적인 죽음을 통해 누가의 가족을 자유인으로 만들어 주었다. 그때 누가는 디오도로스 시리누스의 딸 루불리아를 사랑했으나 그녀는 열병 말라리아로 죽고 말았다. 누가는 자기의 애인을 빼앗아 간 원수와 싸워서 이기기 위해 의학을 공부하였다.

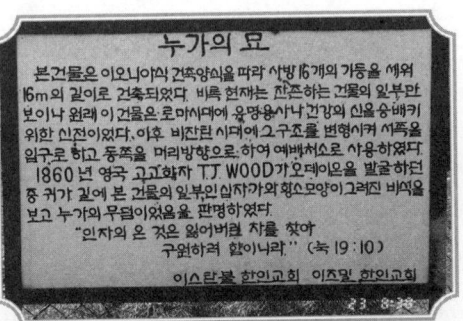

▲ 누가의 묘 앞에 있는 한글판 안내문

그후 안디옥에서 복음을 전하던 바울을 만나 기독교로 개종하였고 사도 바울의 선교를 도우면서 일평생 숨어서 섬기는 일을 했다. 그는 누가복음과 사도행전을 하나님을 사랑하는 로마의 원로인 클레멘스(Clemens) 집정관에게 써서 전해 주었고, 그후 데살로니가에서 복음을 전하다가 우상 숭배자들에게 붙잡혀 올리브 나무에 목매달려 순교했다.

이후 누가의 시신이 이곳 에베소로 옮겨졌다고 전해 내려오고 있다. 그러나 이곳에 누가의 시신이 왔는지 안 왔는지는 정확히 아무도 모른다. 현재 누가의 묘는 1989년도 이스탄불 한인교회의 교우들이 조용성 담임목사님과 함께 철조망으로 울타리를 치고 한글판 안내문을 만들어서 세워 놓은 것이다. 이곳 무덤 앞에서 순례단이 기념촬영을 하는 중 필자는 터키 군인 베시 에케러(Mr. Veysi Ekerer)와 기념 촬영을 하였다.

에베소(Ephesus)

▲ 제3차 세계종교회의가 열린 에베소 교회의 모습

(1) 역사적 배경

에베소라는 말은 헬라어로는 "인내"라 하며 아마존(Amazon)어로는 "꿀벌"이라는 뜻을 가지고 있다.

이곳은 이오니아(Ionia), 리디아(Lydia) 그리고 카리아(Caria) 세계의 교차로인 서머나와 밀레도(Miletus) 사이의 연안에 있는 카이스터(Cayster) 강 어귀에 있으며 동·서양을 잇는 거대한 상업, 종교, 문화의 중심지였고, 정치적으로는 가장 중요한 도시가 되어 "아시아의 최대의 도시"라는 명예를 누렸던 곳이다.

헬라의 역사가요 철인인 테시터스(Tacitus)에 의하면, B.C. 1400년경 에베소는 모노스(Monos)족인 아마존족(Amazonian)에 의하여 세워졌고, B.C. 1100년 경에는 아테네에서 이주해 온 이오니온(Ionion)족에 의하여 식민지가 되었다고 한다. 그리고 고대 에베소의 역사를 3시대로 구분하여 나누면, 리디아 왕 크로에수스(Croesus)의 고대 시대(B.C. 900~560), 알렉산더의 계승자인 리시마쿠스(Lysimachus)의 그리스와 리디아시대(Greco-Lydia, B.C. 560~290), 그리스와 로마 시대(B.C. 290~)이다.

B.C. 281년 리시마쿠스 황제가 죽은 뒤, 에베소는 셀루키드(Seleucids) 왕조의 통치 아래 있다가 B.C. 189년 마그네시아(Magnesia) 전투에서 로마인들에게 패배하여 버가모(Pergamum)에 속해 있다가 마침내 A. D. 133년에 에베소는 로마인들의 통치 속에 들어갔다.

다시 로마제국의 멸망 이후, 에베소는 비잔틴 제국(Byzantine Empire)과 오스만 제국(Ottoman Empire)을 거쳐 현재 터키 영으로 남아 있게 되었다.

당시 에베소에는 약 25만 명이 살았으며 현재에는 터키 쿠사다스(Kusadas) 항구 옆에 있는 셀죽(Seluck)이라는 작은 도시에 위치해 있다.

(2) 발굴과 유적

3세기경 고트족(Goths ; A.D. 3~5세기에 로마제국을 침략한 터키계의 한 민족으로 야만인이라고 불린 사람들)에 의하여 거대한 아데미(Artemis) 신전이 파괴되어 버렸고 그리고 그 붕괴된 에베소 지역에 파묻혀 있는 수많은 유적들은 200피트 땅 밑으로 파묻혀 버리고 말았다.

이러한 역사적 상황이 1861년 대주교 트렌치(R. C. Trench)의 논술로 알려지자 1869년 영국의 요한 우드(John Wood)는 6년 동안이나 끈질기게 탐색하여 아데미 신전의 터를 발견하였고, 1904~1905년에 데이빗 호가드(David G. Hoganth)는 B.C. 700년경으로 추정되는 보석과 청동제, 상아로 만든 아데미 동상들로 가득 채워진 봉헌물 구덩이를 발견하였다. 1954~1958년에도 오스트리아 프랜즈 밀트너(Franz Miltner) 감독이 발굴 작업을 하였고 이후부터 오스트리아 고고학 연구소의 알징거(W. Alzinger)와 크니베(D. Knibbe) 감독 등이 계속적으로 유적들을 발굴하고 있는 중에 있다.

현재, 이곳에는 아데미 신전과 신상을 비롯한 시정집회장, 체육관, 연극장, 도서관, 목욕탕 등이 있으며 그 주위에는 제자인 누가의 무덤과 요한의 기념교회가 있다.

(3) 지역의 특성

첫째, 정치적으로는 로마의 자치도시였고 상업적으로는 무역도시였다. 로마는 제한된 범위에서나마 자치정부를 허용했으며 한 번도 로마군대를 에베소에 강제적으로 진주시킨 일이 없었다. 그래서 에베소는 정치적으로는 로마로부터 자치권을 인정받아 스트라테고이(Strategoi)라는 독자적 행정관이 있었고, 민주적으로 선출된 통치기관으로서는 불레(Boule)라는 민회관과 순회재판소가 있었으며, 에클레시아(Ekklesia)라는 민간기구가 만들어져 있었다.

에베소는 상업적으로 가장 중요한 도시였다. 고대 세계에서의 교통망은 오늘처럼 용이하지 않아 강 유역을 따라 상업과 무역이 성행하였다.

특별히 이곳은 카이스터(Cayster) 강 어귀에 위치해 있었으므로 그 지역에 성행하는 무역을 관장할 뿐만 아니라 시리아, 인도, 아라비아, 이집트 등 세계 각국에서 몰려온 상인들이 식료품, 향료, 고급옷감에서부터 금은보석, 도자기 및 노예 판매에 이르기까지 온갖 상품을 거래하는 동양에서 가장 큰 시장이었다. 이로 말미암아 각처에서 몰려온 상인들, 은행업자, 창고업자, 운수업자들은 물론 그들의 분쟁을 해결하기 위한 법률가, 대서업자, 예술가, 철학자 등 수많은 사람들이 에베소로 몰려 들어왔다.

▲ 에베소의 옛 거리에서 뉴욕 단원들

또한 이곳은 기원전 3세기부터 상업의 중심지로 발전하면서 거대한 시장이 생겼는데 이 시장의 바닥은 대리석으로 포장되고, 그 주위는 기둥들로 둘려져 있으며, 아름다운 물고기들이 헤엄치는 연못도 만들어 놓았고, 시장의 개점과 폐점을 알리는 해시계와 물시계까지 만들어 놓았다.

그리고 로마의 집정관 안토니우스(Antonius)가 이집트 여왕 클레오파트라(Cleopatra)와 결혼한 후 수시로 이곳에 들러 보석과 화장품을 구입했다고 한다.

둘째, 종교적으로는 거대한 신전이 있었고, 우상 숭배와 미신이 성행했던 도시이다. 세계 7대 명물로 이집트의 피라미드(Pyramids of Egypt), 바벨론의 세미라미스 공중 정원(Hanging Garden of Babylon), 올림피아의 제우스상(Statue of Zeus at Olympia), 할리어메서스의 화려한 무덤(Mausoleum at Haliearmassus), 알렉산드리아의 등대(Lighthouse of Alexandria), 로도스의 거대한 골로새 동상(Colosus of Rhodes) 그리고 이곳의 아데미(Artemis, 로마명 : 다이아나 Diana) 신전 등이 있다. 이 신전은 아테네의 파르테논(Parthenon) 신전보다 4배나 큰 것으로서 거대하고 웅장하고 아름답다. 그리스인의 구전에 의하면, "지금까지 태양이 운행하는 중에 다이아나 신전보다 더 훌륭한 것을 보지 못했노라."는 격찬의 말이 있다. 이 신전에서의 예배 모습은 기묘하고 황홀하며 자못 발작적이며 고함소리와 울음소리를 동반하며 나팔이 울리고 분향을 시작할 때에 예배하는 자들은 흥분 발광하며 가장 음탕하고 수치스러운 일들을 서슴지 않고 행하였다.

이곳은 매년 5월이 되면 아데미 여신을 숭배하는 축제가 열렸으며 이때 아데미 여신을 즐겁게 하기 위해 올림픽까지 개최하였다.

그리하여 이곳 에베소는 여신 숭배와 미신을 섬기는 일이 성행했으며 도덕적으로 불결하고 타락한 도시였다.

① 아데미 신전(Temple of Artemis)
에베소에서 가장 위대한 건축물은 아데미 신전이다. 아데미는 이집트에서는 이시스(Isis), 인도에서는 이스(Isi), 바벨론에서는 아스타르테(Astarte), 히타이트인들은 시벨리(Cybele), 그리스에서는 레아(Rhea), 로마에서는 다이아나(Diana), 중국에서는 대모신, 그리고 사도행전에서는 "천하가 섬기는 큰 여신"(행 19 : 27)으

로 알려져 있다. 당시 사람들은 아기를 잘 낳게 해주고 복을 준다고 하여 이 여신을 지극히 사랑하며 숭배하였다.

아데미 여신의 머리에는 성벽이 조각으로 되었는데 이것은 보호자란 의미이며, 머리 뒷부분에는 반달이 그려져 바벨론의 달과 별의 여신을 가리키며, 팔에는 사자들이 부조로 되어 있고 가슴에는 많은 혹들이 있다.

이 여신상의 가슴부위의 많은 혹들은 특히 B.C. 150년부터 주로 젖가슴으로 해석되어 온 많은 구경체들이 가슴 위에 달린 모습을 람세이(Ramsay)는 꿀벌의 알들로, 오츠키츠키(A. Wotschitzky)는 타조의 알들로, 엘마 하인젤(Elma Heinzel)은 점성술적인 상징으로, 어떤 사람은 여왕벌의 순결과 황소의 고환으로 보고 있지만 로버트 플래처(Robert Fleischer)의 말처럼 모든 것을 종합해서 생각해 볼 때 어떤 설명도 만족을 줄 수 없는 것 같다.

이 거대한 아데미 신전은 B.C. 356년경에 불탔으며 이후 새로이 재건된 헬레니즘(Hellenism)식의 신전은 전체가 대리석으로 된 최초의 기념비적 건물로서 길이 110m, 너비 55m이며 길이 127m, 너비 73m인 대(臺) 위에 세워졌다. 이 거대한 신전 보수를 위하여 에베소 시민들은 재정적인 부족을 조달하기 위하여 아데미 여신이 품고 있는 이미지인 대모신이며 성모로 순결하다는 것에 착안하여 다음과 같은 포고문을 내걸었다.

"여신을 어떤 이름으로 불러도 좋다. 만약 여신이 이 신전 안에 존재한다고 믿는다면 여신의 위대한 힘으로 신전 내의 모든 것을 지켜줄 것이다. 귀중품이나 금, 은, 금전 등을 안전하게 보관하기 원한다면 신전에다 맡겨도 좋다. 믿음을 기뻐한 여신은 매년 감사의 뜻으로 무엇인가 상을 내릴 것이다."

이후 화려하고 거대했던 아데미 선전은 지진으로 파괴되어 마침내 채석장으로 변해 버렸고 현재 13미터 높이가 되는 한 개의 기둥만 쓸쓸하게 서 있다. 무너진 기둥들은 성 소피아(St. Sophia) 교회를 짓는 데 기둥으로 사용되었고, 그리고 조각된 장식물 중 하나는 영국의 대영 박물관에 소장되어 있다.

② 시정집회장(The Civic Agora)
이곳에는 헤스티아(Hestia) 신전에서 계속적으로 불타던 영구적인 벽난로 화덕이 있었고, 불루우테리온(Bouleuterion, 고대 그리스의 입법회의 장소를 지칭함)과 의회관으로 사용되었던 반원형 극장이었으며, 그리고 동남편의 경계지역과 중앙의 부분은 아직까지 발굴되지 않은 상태로 남아 있다.

③ 상업시장(Commercial Agora)
이곳 시장은 110미터 정방형으로서 헬레니즘(Hellenism) 시대에 세워졌으며 그후 아우구스투스(Augustus)와 네로(Nero) 통치 때에 확정되었다. 이 시장은 모든 의미에서 도시의 중추 역할을 한 곳으로 간이 판매대만 놓으면 시장이 될 뿐만 아니라 시민들이 문제가 있으면 총독에게 호소하는 집회장소와 문화장소로도 사용되었다.

④ 목욕탕
이곳은 상업시장 부근의 바리우스(Varius) 목욕탕에 집중되어 있으며 부유한 에베소의 철인(Ephesian Sophist)과 플라비우스 다미아누스(Flavius Damianus)가 기부하여 만든 곳이다. 특별히 로마의 시민들은 육체의 건강을 위하여 목욕탕과 체육관을 세웠는데 이것은 청결을 중시하는 로마인들의 정신을 의미하고 있다. 이 목욕탕 안은 대리석으로 되어 있으며 약 5평 정도의 냉탕, 온탕, 한

증탕이 있어 마음대로 원하는 곳에 들어가 사용할 수 있도록 만들어 놓았다.

⑤ 체육관과 운동경기장(Gymnasiun and Athletic Game)
고대 올림픽경기장으로서 아치형의 정문이 있고 길이는 230m, 폭은 30m의 규모로 2만 5천 명을 수용할 수 있는 경기장이다. 또 북쪽에는 수영장까지 잘 갖춰져 있는 베디우스(Vedius) 체육관이 잘 보존되어 있다.

이곳에는 매년마다 에베시아(Ephesia)라고 알려진 운동경기를 파니오니온(Panionion) 성지에서 범이오니아인(Pan-Ionian) 축제라는 이름으로 개최해 오다가 이후 B.C. 4세기 초에는 에베소 자체 행사로 변경되어 음악과 춤이 함께 어우러진 형태로 여성들도 참여하였다. 그리고 고린도전서 15장 32절에 "내가 범인처럼 에베소에서 맹수로 더불어 싸웠으면 내게 무슨 유익이 있느뇨"라고 기록된 것처럼, 이곳에서 힘센 사자가 경주장에 있던 사도 바울에게 달려들었으나 우박이 쏟아지고 강하고 급한 바람이 불어와 많은 사람들이 보는 앞에서 그의 생명을 구했다는 말도 전해지고 있다.

⑥ 켈수스 도서관(The Library of Celsus)
이곳은 A.D. 11년 집정관이었던 아들 가이우스 줄리우스 아퀼라(Gaius Julius Aquila)가 105~106년에 아시아의 지방총독이었던 그의 아버지 티베리우스(Tiberius Julius Celsus Polemaeanus)를 기리기 위해서 이 도서관을 건립했다. 켈수스는 이 도서관 지하에 묻힐 수 있는 특별한 영예를 얻었고, 그리고 이곳에서 켈수스 동상 3개와 그의 아들 동상 하나가 발견되었다.

켈수스 도서관은 전면 2층의 비교적 작은 건물로서 큰 홀의 크기는 가로 16.7m, 세로 10.9m 정도이며, 괴체(B. Götze)는 기본층에 4,000개의 두루마리 서적이 쌓여 있고, 2층과 3층 회랑의 벽을 둘러친 선반 위에는 5,500개의 두루마리 서적이 쌓여 있어서 총 9,500개가 될 것이며, 최대 수용량은 아마 12,000여 개 정도가 아니었을까 하고 추정하였다.

특별히 사도 바울이 에베소에 있는 두란노(Tyrannus) 서원에서 날마다 강론(행 19 : 9) 했다는 곳이 바로 이 도서관 혹은 이 도서관의 근처라고 추측하고 있다. 그리고 서방의 책(Western Text)에 의하면, 바울이 이곳에서 5시에서 10시까지, 즉 오전 11시에서 오후 4시까지 강론을 했다는 재미있는 주석을 달기도 하였다.

⑦ 연극장(The Theater)

이곳은 B.C. 2세기에 시공되어 클라우디우스(Claudius) 황제 때 확장되었고 네로 황제가 2층 건물을 세웠으며, A.D. 2세기에 다시 증축되었다. 이곳은 24,000명의 에베소인들이 사도 바울의 전도를 저지하기 위해 소리를 치며 모였던 곳이다(행 19 : 23). 그리

▲ 에베소의 원형 극장에서 찬송하는 단원들

고 이곳은 수많은 동상들로 장식되어 있고, 1960년에 발행된 기사에는 120개나 되는 큐피트(Cupids)와 승리자의 동상 기증물에 대하여 보고되었다.

⑧ 창녀촌(The Brothel)

켈수스 도서관 바로 앞에는 창부의 집이 있는데 이것은 '사랑의 집'이라고 불린다. 그리고 밀트너(Miltner)는 창녀촌(Brothel)이라 하여 위층에 살던 매춘부들이 그들의 손님이 오면 맞이해서 그들과 함께 잠자리를 같이했을 거라고 했다. 또 대리석거리 북쪽 약 70m쯤 되는 포장된 벽돌에는 창녀촌을 선전하기 위한 선정적인 그림이 새겨진 약간의 상징물들이 있는데 그 중에는 점이 찍힌 삼각형, 왼발 및 5개의 탑으로 장식된 머리 장식품을 한 여인의 모습이 그려져 있다. 헤머(C. J. Hemer)는 이 상징물들의 사진에다 재미있는 제목을 붙여서 설명하기를, "그림 문자 중에 하트(Heart), 소녀 그리고 발자국들은 손님들을 창녀촌으로 오도록 방향을 알려주는 것이다."라고 했고, 어떤 이는 말하기를, 삼각형은 여성의 외음부를 상징한다고 하였다.

(4) 말씀과 교훈 — 첫사랑을 잃어버린 교회

"에베소 교회의 사자에게 편지하기를 오른손에 일곱 별을 붙잡고 일곱 금 촛대 사이에 다니시는 이가 가라사대 내가 네 행위와 수고와 네 인내를 알고 또 악한 자들을 용납지 아니한 것과 자칭 사도라 하되 아닌 자들을 시험하여 그 거짓된 것을 네가 드러낸 것과 또 네가 참고 내 이름을 위하여 견디고 게으르지 아니한 것을 아노라 그러나 너를 책망할 것이 있나니 너의 처음 사랑을 버렸느니라 그러므로 어디서 떨어진 것을 생각하고 회개하여 처음 행위를 가지라 만일 그리하지 아니하고 회개치 아니하면 내가 네게 임하여 네 촛대를 그 자리에서 옮기리라 오직 네게 이것이 있으니 네가 니골라 당의 행위를 미워하는도다 나도 이것을 미워하노라 귀 있는 자는 성령이 교회들에게 하시는 말씀을 들을지어다 이기는 그에게는 내가 하나님의 낙원에 있는 생명나무의 과실을 주어 먹게 하리라"(계 2 : 1~7).

에베소 교회는 예수 그리스도께서 소아시아 일곱 교회들 가운데 제일 먼저 메시지를 보낸 교회였다. 주님께서는 에베소 교회의 선한 행위, 신앙의 인내, 그리고 이단 불용납에 대하여 칭찬(2, 3, 6절)하시면서 아울러 주님의 첫사랑을 잃어버린 것에 대하여 강하게 책망(4, 5절)하셨다.

에베소는 아시아의 최고 도시로서 종교, 정치, 상업, 문화의 중심지였다. 또한 그만큼 이교도가 성행하여 이기적 정욕이 팽배했고, 당시의 외적 상황 속에서 내적인 주님의 참사랑을 견지하기가 매우 힘든 곳이었다.

그래서 주님은 믿음생활, 교리 수호, 선한 행위도 좋지만 무엇보다 더 중요한 사랑(요일 2 : 10)을 일깨워주며 그것을 회복하라고 강하게 책망하셨다.

첫째, 에베소 교회의 모습은 어떠했는가?

초대 기독교 역사에 의하면 에베소는 복음의 씨앗이 어렵게 심겨져서 강하게 성장하여 마침내 복음의 전진기지가 된 곳이다. 그러나 반면 당시 정치, 경제, 상업, 무역과 문화의 중심지로 고대의 허영의 시장(The Vanity Fair of the Ancient World)이라고까지 불렸던 곳이다.

에베소 교회는 바울의 3차 전도여행 때(A.D. 53~58)에 세워진 교회이며, 아굴라와 브리스길라가 바울과 함께 이 교회를 개척하였고(행 18 : 18~19, 19 : 1~10), 제2차 전도여행 때 바울이 이곳을 잠시 방문하였으며(행 18 : 19), 바울 이후 디모데가 이곳 교회의 초대감독이 되었다(딤전 1 : 3). 예수 그리스도의 복음이 어떤 세력 앞에서도 굴복하지 않고 끝내 승리하는 것을 확인한 시험장이었으며(고전 1 : 8), 예루살렘과 안디옥에 이어 제3의 기독교 중심지였다.

이러한 역사적인 상황 속에서 첫째로 에베소 교인들은 아테네에서 온 원주민과 헬라 식민지하에 살던 원주민, 헬라인과 유대인들로 구성되어 있었다. 그리고 그 외에도 잡족들과 함께 뒤섞여 살았기 때문에 에베소 사람들은 세계의 모든 종교를 용납하는 경향이 있었다. 이로 말미암아 그들은 정신적으로, 영적으로, 도덕적으로 타락한 삶을 살게 되었다. 그래서 사도 바울도 다른 어느 도시보다 이곳 에베소에 가장 오래 머물기도 했다. 어디 이뿐인가? 당대 에베소의 가장 유명한 철학자 헤라클리투스(Heraclitus)는 결코 웃지 아니하였다 하여 "우는 철학자"로 불렸다. 그 이유는 이곳 신전 제단의 어두움은 가장 음흉한 어두움이었으며 이곳의 도덕성은 난잡한 개새끼 두 마리를 서로 떼어 놓지 못하는 짐승의 난잡함보다도 더 악했기 때문이다. 그래서 그는 에베소에 사는 사람들은 모조리 몰살당해야 마땅하다고 하며 웃어 보거나 미소를 지을 수가 없었다고 한다.

오늘, 우리는 여기에서 현대와 같은 고도의 문명시대에 살면서 이미 기독교인이 된 사실에 대하여 다시 한번 에베소 교회의 교훈을 상기하며 참된 크리스천의 삶을 살아야 하겠다.

둘째로 에베소 교회는 니골라 당을 배척했다(6절).

니골라 당(Nicolaitans)의 기원에 대해서는 초대교회 일곱 집사 중 한 사람(행 6 : 5)이 이후에 율법 폐지론자가 되었다는 설이 있고, 어원적 기원설로 니골라 당의 창시자 니콜라우스(헬라어/라오스 λαός : '백성'과 니카오 νιχάω : '정복하다')의 이름이 두 개의 헬라어의 합성어로 이루어졌으므로 부도덕한 것을 가르치며 백성을 정복했다는 설이 있다.

그들 니골라 당은 은혜와 복음의 시대가 도래했으므로 율법에 얽매일 필요가 없다고 하며, 세상의 선한 것은 영혼(정신)뿐이라고 주장했다. 육체는 약하기에 무슨 짓을 해도 무방하다고 하며(행 15 : 29), 예수 그리스도 안에 있는 자는 항상 예수의 보살핌을 받기 때문에 무엇을 하든지 해를 받지 않고 죄가 없다고 하며 무절제한 죄악된 생활을 하였다.

셋째로 교회가 설립된 지 40년이 지나는 긴 세월 동안 에베소 교인들의 복음에 대한 열정이 점점 식어졌다.

주님께서는 에베소 교인들이 니골라 당을 배척함으로 말미암아 (6절) 예수 그리스도를 향한 순결과 영적 분별력을 가진 것에 대하여 칭찬하였으나, 그러나 그들이 "처음 사랑"(4절)을 잃어버린 것에 대하여는 단호히 책망하셨다.

둘째, 그들을 향한 주님의 해결 방법은 무엇인가?

우리 주님께서는 본문 5절 말씀 속에서, "그러므로 어디서 떨어진 것을 생각하고 회개하여 처음 행위를 가지라 만일 그리하지 아니하고 회개치 아니하면 내가 네게 임하여 네 촛대를 그 자리에서 옮기리라" 하시면서 책망만 하신 것이 아니라 문제점의 해결 방법을 3단계로 자세하게 설명해 주셨다. 그것은 1단계로 "생각하라(Remember)" 2단계로 "회개하라(Repent)", 그리고 3단계로 처음 사랑의 행위를 "반복하라(Repeat)"라는 것으로 영어의 첫 글자를 딴 "3R의 법칙"이다. 그럼 이 법칙은 무엇인가?

제1단계는 신앙생활 초기에 가졌던 뜨거운 사랑을 생각하라는 것이다. 현재 우리들의 영적 상황이 초기에 하나님을 섬기고 주님을 믿고 따르던 사랑과 열정으로부터 얼마나 멀리 떨어져 있는가를 깊이 생각하는 것이다.

제2단계는 하나님 앞에 겸손히 회개하라는 것이다. 회개(메타노이아 μετάνοια)는 무엇인가? 그것은 자기 잘못의 책임이 자신에게 있음을 고백하고 그것으로부터 완전히 돌이키는 의지적인 결단이요 행위를 말한다.

제3단계는 처음 행위를 계속하는 것이다. 우리가 아무리 훌륭한 죄의 고백과 앞으로의 계획이 있다 하더라도 그 회개에 대한 열매가 있어야 된다(마 3 : 8). 회개의 참된 증거는 구체적으로 변화된 행동과 삶을 통하여 나타나야 한다.

▲ 에베소 마리아 기념교회에서

오늘, 우리들은 주님의 첫사랑을 회복하는 3R의 해결방법을 통하여 하나님께 영광 돌리며 주님의 첫사랑을 회복하는 성도가 되어야 하겠다.

순례단원 일행은 첫사랑을 잃어버린 에베소 교회 옛 터 위에 세워진 마리아교회(Church of Mary)에 다 모였다. 이 교회는 에베소 교회였으나 로마제국이 기독교를 국교화하여 다시 이곳에 기념교회로 세워진 곳이다.

    A.D. 431년에 이곳에서 제3차 세계 종교회의가 열렸는데 그리스도의 양성론이 확정되는 동시에 시릴(Cyril)이라는 신학자의 "성모 마리아는 하나님의 어머니가 된다."라는 주장에 의하여 예수 그리스도와 함께 성모 마리아도 신성으로 선포되었던 곳이다. 이를 계기로 이후에 마리아 숭배의 시발점이 되기도 하였다. 이때 네스토리우스(Nestorius)는 "마리아는 그리스도의 어머니가 될 수는 있으나 하나님의 어머니로는 인정할 수 없다."라고 하여 이단으로 정죄되어 이집트 사막에서 순교하였다.

    우리 일행은 이 역사적인 현장에 둘러앉아 필자의 인도로 기도회를 가졌다. 먼저 뉴저지 한인침례교회 담임 문종성 목사님이 요한계시록 2장 1~7절 말씀을 봉독한 후 테니시스 내쉬빌 지역의 교역자들이 나와서 찬송가 487장으로 특별찬양을 하였다. 이어서 테니시스 한인연합교회 김성은 목사님이 "하나님 아버지, 옛날 에베소교회를 다시 한번 기억할 수 있도록 은혜 주심을 감사드립니다. 에베소 교회에 주신 생명의 말씀을 통하여 더욱더 뉘우치며 새롭게 각오하며, 말씀으로, 능력으로, 복음으로, 성령으로 무장하여 복음의 빛이 강하게 나타나게 하옵소서."라고 간절히 기도드렸다. 그리고 개인별, 지역별, 단체 기념사진 촬영을 하였다.

사도 요한 기념교회
(Church of the Apostle John)

예수님의 열두 제자 중 한 사람인 요한은 우레의 아들(Son of Thunder)이란 별명을 가지고 있었다. 그는 예수의 공생애 사역 당시부터 네르바(Nerva) 황제 때까지 복음활동을 하였으며 성모 마리아와 함께 에베소에 와서 복음을 전하다가 로마군인에게 체포되었다. 그때 그는 도미티안(Domitian) 황제의 독약과 뜨거운 기름통에 던져지는 심한 박해 속에서도 살아났으며 밧모 섬의 극한 유배생활 속에서도 요한계시록을 기록하였고, 이곳 에베소에서는 요한복음과 요한1·2·3서를 기록한 "사랑의 사도(The Apostle of Love)"이다.

전승에 의하면, 어

▲사도 요한 기념교회에서

느 날 요한이 주님께 "주님, 나는 왜 순교하지 못하고 혼자 남아 있습니까?" 하면서 질문했을 때, 주님께서 말씀하시기를 "요한아, 네가 살아 있다는 그 자체가 순교의 증거가 되지 않느냐?"라고 하셨다고 한다.

사도 요한은 이곳에서 마지막까지 복음을 전하다가 세상을 떠났고, 바로 여기에 묻혔다. 이후 저스티니안(Justinian, 527~565년)이 6세기 때 이 터 위에 가장 웅장하고 훌륭한 사도 요한 기념교회를 세웠다. 이 교회는 길이가 120m, 폭이 40m였고, 6개의 큰 반구형 지붕이 중앙에 그리고 5개의 작은 반구형 지붕이 덮여 있다. 또 사도 요한의 무덤에 앉은 먼지는 약효가 있다고 믿어 왔기 때문에 이 교회는 중세 때 순례자들에게 가장 인기가 있는 묘소가 되었다.

그리고 1927~1929년에는 사도 요한의 지하 예배실이 발견되었다. 원래 이 교회를 건축하는 데 35년의 세월이 소요되었으며 현재도 복원중에 있다.

이 교회당 안에는 세례소(Baptism Site)가 있는데 이곳은 대리석 바닥에 십자가형 구멍이 파여져 있다. 이곳 구멍 안으로 세례 받을 자가 지나가면 세례를 베푸는 집례자가 지나가는 세례 받을 자에게 세례를 베풀었다. 당시 회개하고 개종한 유대인과 이방인들이 이곳에서 세례를 받았다.

이곳을 순례하고 있던 단원 일행은 사도 요한 기념교회의 한쪽에 다 모여서 찬송가 278장을 불렀다. 조용성 선교사님이 요한일서 4장 7~11절 말씀을 봉독한 후 결론적으로 "하나님은 사랑이십니다."라고 말한 뒤에, "하나님이여! 주님을 이 땅에 보내 주심을 감사드립니다. 주여, 우리들도 주님을 끝까지 사랑하게 하옵소서. 형제를 사랑치 아니한 자가 어찌 볼 수 없는 하나님을 사랑할 수 있겠습니까? 주여, 저희들의 가정, 직장, 사회, 교회 안에 사랑이 충만케 하옵소서.……"라고 간절히 기도를 드렸다.

아가페 서점(Agape Book Store)

　에베소 지역에는 기독교 서점인 아가페 서점이 하나 있다. 이곳은 기독교 서점으로 터키 모슬렘을 향한 복음의 전진기지로 사용되며 예배처소로도 사용되고 있다.
　이곳에 살고 있는 누리 앗슬란(Mr. Nure Aslan)은 이 서점의 주인인 동시에 이 지역의 복음화를 위한 평신도 지도자이며 사역자다. 그는 1층은 서점으로 사용하고 지하실은 임시 예배처와 기도처로 사용하고 있다.
　우리 순례단원들은 이곳 서점에서 기독교 서적과 성지에 관한 책을 구입한 뒤에 지하로 다 내려가서 기도회를 가졌다. 이때 누리 앗슬란 사역자의 신앙 간증이 있었다. 그는 7년 전에 예수를 믿고 현재 사도 바울이 목회했던 이곳에서 작은 하나의 불빛으로 복음의 사역을 감당하고 있다고 하였다. 그의 가정은 먼저 자신과 딸이 예수를 믿고 난 후 2년 뒤에 그의 아내가 예수를 믿었는데, 현재 스물네 살 된 아들 하칸(HaKan)이 예수를 믿지 않는다고 하면서 기도를 요청하였다.

누리 앗슬란은 예수 믿기 전에는 아내를 구타하고 가족을 버리고 방탕한 생활을 했던 문제의 가장이었다고 고백하면서, 예수를 믿고 난 뒤인 1998년도에 가정문제가 해결되었다고 기뻐하였다. 그는 예수 믿는다는 한 가지 이유 때문에 고향에도 가보지 못했고 어쩌다 가보면 63세 된 할머니와 고향 친척들이 증오하며 핍박하였다고 한다. 그러나 하나님의 도우심으로 2년 전부터 모든 문제들이 해결되었다면서 매우 감사하다는 표정을 지었다. 현재 이곳에서 기독교 서점을 경영할 때 주위의 사람들이 욕하고 돌을 던졌지만 이제는 그런 행동들이 멈추어졌다고 말하였다.

또 매주일에는 이곳 지하실에서 현지인 5명과 자기 가족들과 함께 8~10명이 모여서 예배드리며 기도한다고 하면서 앞으로 지역 복음화를 위하여 특별기도를 요청하였다.

이곳 지하 예배처소에서 함께 기도회를 가진 순례단 일행은 누리 앗슬란의 머리에 손을 얹고, "하나님이시여, 이 암흑의 도시에 복음의 빛이 들어오게 됨을 감사드립니다. 이 서점과 앗슬란 사역자를 통하여 복음의 빛이 비추어지게 하옵시고, 선교사업이 확장되며, 하나님의 교회가 세워지게 하옵소서. 이 가정에 복 주옵소서."라고

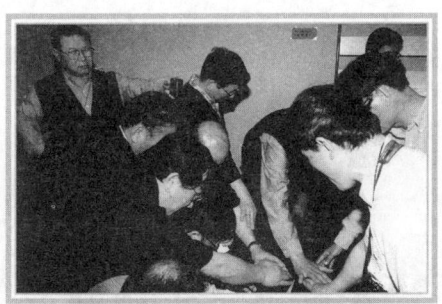

▲ 누리 앗슬란에게 안수 기도하는 순례단원

단원 목사님들이 함께 안수 축복기도를 하였다.

오늘 순례를 마친 일행 가운데 시카고 미드웨스트장로교회 허정숙 장로님께서, "하나님이시여, 오늘 하루의 순례 여정을 무사히 마치게 됨을 감사드립니다. 역사의 현장에서 깨닫고 배운 말씀이 마음판에 새겨져 더욱더 말씀 충만하고 성령 충만하여 사명을 잘 감당케 하옵소서.⋯⋯"라고 폐회기도를 드렸다.

이후, 에베소 해안도시 쿠사다스(Kusadas) 항구에 와서 별 5개가 있는 코루마르 호텔(Korumar Hotel)에서 여장을 풀었다.

밧모 섬을 향하여

▲ 밧모 섬을 가리키고 있는 필자

열째날(Tenth Day)

1999년 3월 23일 수요일 오전 8시 30분. 필자의 인도로 출발기도회가 열렸다. 찬송가 408장을 다같이 합창한 뒤에 요한계시록 3장 19~20절 말씀을 봉독한 후 순복음테니시교회 김상우 목사님께서 "오, 하나님이여 지금까지 동행하시고 함께하심을 감사드립니다. 가는 곳곳마다에서 새로운 진리를 깨닫게 하시고 새 힘을 주심을 감사드립니다. 오늘도 저 밧모 섬을 향하여 갈 때에 46명의 단원들을 지켜 주옵소서. 오늘도 감사와 기쁨이 충만케 하옵소서……" 라고 대표기도를 해주셨다.

얼마 뒤 순례단원들은 밧모 섬까지 갈 배를 타기 위해 쿠사다스(Kusadas) 항구에 도착하여 그리스의 입국 비자 수속을 모두 마쳤다. 그 동안 퍽 인상적이었던 옛 소아시아의 영광 터키 땅, 그리고 함께 교제하며 정을 나누었던 조용성 선교사님, 터키 관광 현지안내자 아틸라(Mr. Atilla)와 운전사 셀축 아테슬러(Mr. Selcut Atesler), 멧 헤트 가야(Mr. Meheteh Kaya) 기사들과 이별하는 시간이 되었다. 순례단원들은 그들과 함께 일일이 악수를 나누는 가운데 조 선교사님은 터키식으로 필자를 안으면서, "안 목사님, 감사합니다. 이렇게 만나 뵙게 되어서 감사합니다. 건강히 잘 가세요." 하면서 인사할 때, "조 선교사님, 그동안 중동 선교현장에서 체험한 선교 체험과 이론을 가지고 고국에 와서 일하세요. 하나님이 함께하실 것입니다." 하면서 마지막 정을 나누고 승선하였다.

풍랑을 만난 순례단

아침 9시 20분경, 46명의 순례단원들을 실은 작은 배 쿠사도시 프렌세스(Kusadosi Prenses)호는 "뿌~웅!" 하면서 드디어 출발의 닻을 올렸다. 이 배는 우리 순례단원들을 위하여 특별히 전세로 준비된 필그림(Pilgrim) 호였다.

마침내 이 배에 승선한 순례단원들은 망망한 지중해 바다를 바라보면서 여기저기 삼삼오오 짝을 지어 기념사진을 찍고 비디오 촬영을 하느라 매우 분주하였다. 그리고 불어오는 지중해의 뜨거운 바람에 숨을 내쉬면서, "야! 저기가 우리가 묵었던 호텔이다."라고 큰 소리로 외치는 단원도 있었다.

어디 이뿐인가? 배 아래층에서는 옹기종기 모여 앉아 이런저런 재미있는 이야기를 나누는 사람들도 있었고, 주위에 있는 사람들을 향하여 "단장님, 사탕 드세요." "목사님, 과자 드세요." "사모님, 과일 드세요."라고 외치는 사랑의 소리도 들려왔다. 자기 자녀와 교회에 대한 자랑, 자신의 신앙과 이민 여정에 대한 간증, 조용히 앉아서 성경 읽는 소리, 아예 누워서 요나처럼 코고는 소리, 열심히 두드리고 있는 컴퓨터 소리, 저 멀고 먼 바다를 향하여 무언가 생각에 몰두하고 있는 무언의 소리, 그리고 "은혜가 풍성한 하나님은" "나 두렴 없네 두렴 없도다 주 예수님은 깨어 계시도다 이 흉흉한 바다를 다 지나면 소망의 나라에 이르리라" "잔잔해 잔잔해" 하면서 목이 터져라 부르짖는 뜨거운 찬송소리는 마치 필그림 심령대부흥성회와 같았다.

그런데 한 가지 문제가 생겼다. 순례단원이 이 필그림 호에 승선한 지 1시간이 지난 뒤였다. 하늘의 맑은 구름이 점점 검은 먹구름으로 변하면서 조용하던 파도가 성난 파도로 돌변하더니, 마침내 성난 빗줄기가 에게 해를 향하여 여지없이 쏟아졌다.

순식간에 순례자의 필그림 호는 비틀거리면서 방향을 잡지 못하고 휘청거리면서 좌우 45도 높이로 올라갔다 내려갔다 하는데 이것은 마치 널 뛰듯이, 그네 타듯이 춤을 추고 있는 장면을 연상케 했다. 이때부터 주위의 분위기는 심상치 않았다. 순례단원들의 얼굴이 하나하나씩 노란 색깔로 변해가고 있었으며, 서로서로 손을 잡고 있는 사람도 있었고, 의자와 기둥을 붙잡고 있는 사람도 있었고, 아예 밖을 쳐다보지 않고 배 바닥에 머리를 처 박고 쭈그리고 있는 사람도 있었다. 그 우렁찼던 찬송소리는 이미 바람과 함께 사라져 버렸고 조용한 침묵의 시간이 계속 흐르고 있었다.

▲ 필그림 호 안에서

시간이 갈수록 분위기는 심각해졌다. 주위에서 들려오는 소리는, "아이고!" "주여!" "토할 것만 같다!" "누가 이런 배에 타도록 허락했느냐?" 하는 소리였다. 또 잠시 후에는 더욱더 다급하게 아우성을 치면서 "화장실이 어디야!" "나 손 좀 잡아줘!" "비닐봉지 가져와!" "아이고, 죽겠다! 이제 죽는구나!" 하더니 드디어 여기저기에서 "으악!" 하면서 토하는 소리가 연속적으로 터져나오는 극한 장면이 연출되었다. 그때 필자도 세 번씩이나 토하면서 고통스러워했는데 그 때의 심정을 한 마디로 말하면, '머리가 핑 돌며 창자가 꼬이더니 팔 다리가 후들후들 떨리면서 이제 죽는구나!' 였다. 어금니를 꽉 깨물고 "주님!" 하면서 주님 십자가만 꽉 붙잡았다.

이렇게 하여 지중해 바다에서 풍랑을 만난 순례단원들은 장장 5시간의 항해 뒤에 무사히 밧모 섬에 도착하게 되었는데, 정말 이 시간은 단원들의 뼈 속 진액까지 빠지는 고통의 시간이었으며 한 시간이 일년, 아니 천 년과 같은 오랜 시간이었다.

이번 순례단원들이 겪은 풍랑은 돌발적으로 생긴 것도 아니요, 또 우연도 아닌 하나님의 섭리인 줄 생각하면서 여기에서 필자는 새로운 영적인 교훈을 찾을 수 있었다.

첫째, 복음을 증거하기 위하여 수 차례 죽음의 위기와 박해, 위협을 당하면서 항해했던 한 인간으로서의 바울과 한 사명자로서의 사도 바울을 깊이 생각하며 체험하는 영성의 큐티시간을 가지게 되었다.

특별히 사도 바울이 로마로 갈 때에 당시 아시아에서 서방으로 항해하는 배는 아라 멧티엄(Aramyttium)에서 오는 무역선인데, 바울 일행이 탄 배는 소아시아 해안을 따라 운행하는 작은 배였다. 그들의 배가 지중해 연안의 그레데(Crete) 해안 지역에서 항해할 때 유라굴로라는 광풍(행 27 : 14)이 불어왔다. 유라굴로(유라퀼론 εἰρακύλων)는 헬라어와 라틴어의 합성어로서 '동북풍(Northeaster)'

을 가리키며 광풍은 '폭풍(Hurricane)'을 가리키는 것으로 그레데 섬의 한가운데 우뚝 솟은 이다(Ida) 산맥으로부터 발생한 강력한 태풍이요 폭풍이었다.

그때 사도 바울은 이러한 극한 상태에서 자신에게는 죽음의 고비 요 복음 증거할 수 있는 기회요 한편 일행에게는 속수무책의 상황이었을지라도 이방 선교사로의 사명을 잘 감당하였다. 그는 하나님께 영광 돌리며 그들을 향하여, "여러분이여 안심하라 나는 내게 말씀하신 그대로 되리라고 하나님을 믿노라"(행 27 : 25)고 설파했다. 이러한 그의 복음의 외침과 큰 믿음에 숙연히 머리 숙여 크게 존경하면서 다시 한번 사도 바울을 재조명해 볼 수 있었다.

둘째, 사도 요한이 밧모 섬으로 유배당해 갈 때에는 분명히 배를 타고 갔는데, 그때 그 배는 어떠한 배였을까를 생각하면서 사도 요한의 고난과 박해를 깊이 생각하게 되었다.

요즈음 같으면 좋은 배를 타고 갈 수 있었겠지만 그때야 어디 요즈음 같은 배가 있었을까? 아니 그것도 죄인 된 몸이라 좋은 배를 탈 수가 없었으며 탔다면 목선 아니면 나룻배 그렇지 않으면 통나무를 타고 갔을 것이다.

▲ 필그림 호와 문종성 목사

정말 박해와 역경 속에서 끝까지 견디고 인내하면서 주어진 사명을 잘 감당하고 하늘나라의 계시까지 받은 사랑의 사도요 계시의 사도 요한을 높이 평가하지 아니할 수 없었다.

오늘 이 시간에도 저 미주 땅 한구석에서 이민 목양을 하고 있는 부족한 필자를 향하여, "복음 전하는 자들이 복음으로 말미암아 살리라"(고전 9 : 14) "내가 그리스도를 위하여 약한 것들과 능욕과 궁핍과 핍박과 곤란을 기뻐하노니 이는 내가 약할 그때에 곧 강함이니라"(고후 12 : 10)고 말씀하시는 주님의 음성을 들으면서 새 힘을 얻는다.

그리고 "주님! 부족한 종에게 주어진 사명을 감당할 때에 어렵고 힘들고 배고파 죽더라도 주위에서 세차게 불어오는 풍랑을 바라보고 두려워하지 말고 그 풍랑을 잔잔케 하신 주님의 능력을 믿고 오직 예수만 바라보며 주님 한 분으로 만족하는 삶을 누리게 하옵소서." 하면서 두손 모아 조용히 기도드렸다.

드디어, 오후 3시 10분경에 순례단원들을 실은 필그림 호는 장장 6시간의 긴 항해 속에서 그리스 령 밧모 섬에 도착하였다. 이곳에 도착하니 그리스에서 선교사역을 하고 계시는 손영삼 선교사님께서 일행을 기쁘게 맞이하며 환영해 주셨다.

밧모 섬(The Island of Patmos)

'파트모스(Patmos)'는 '송진'이라는 뜻으로서 터키 쿠사다스(Kusadas) 항구에서 남쪽으로 약 100km 지점과 그리스 아테네(Athen) 수도에서 동남쪽으로 약 270km 떨어져 있다. 에게해

▲ 밧모 섬에서

(Aegean Sea)에 있는 도데카네스(Dodecanese) 제도의 13개 섬들 중에 아주 작은 섬이며 현재 지명으로는 그리스령으로 피티노(Pitino)라 불리고 있다.

이 섬은 활 모양으로 생긴 2개의 좁은 지협이 만나 이루어진 심하게 들쑥날쑥한 28개의 갑(岬)으로 구성되어 있으며, 남북으로 길게 뻗어 있고 총길이는 약 63km이다. 섬의 중간부분에 해당되는 스칼라(Skala) 항구의 동서폭은 1km도 채 안 되며, 황폐한 이곳 땅의 총면적은 약 34km²로서 전라남도의 거금도와 같으며 제주도의 1/3정도 크기이다.

이곳은 선사시대에 거대한 화산의 폭발로 산산이 부서졌으며 바다 속에 많은 부분이 잠겨져 있어서 돌이 많이 있다. 이 지역에는 물이 없기 때문에 우기인 겨울철에 빗물을 받아 두었다가 여름에 사용하며, 주변에 나무가 없어 겨울철에는 매우 춥다. 그리고 포도, 곡물, 야채 등이 생산되고 있으나 자체 수요를 모두 충당치 못하고 있다.

로마제국 당시에는 이곳이 유배 장소로 사용되어 끌려온 죄수들이 채석장에서 강제 노역을 하였고, 여름철에는 중노동을 하는 가운데 물이 없어 갈증으로 허덕였으며, 겨울철에는 땔감을 구하지 못해서 추위에 떨어야만 했다. 그리고 그들의 말과 행동은 매우 사나웠고 무자비하였다.

밧모 섬의 거주민은 약 3,000명 정도이며 중·고등학교가 1개 있으며 주위에는 가시와 엉겅퀴들이 많이 자라고 있다.

밧모 섬의 역사는 초기에는 도리아인(Dorian)이 다음에는 이오니아인(Ionian)들이 정착하여 살았고, 로마시대에는 정치범들의 유배지로 사용되었다.

A.D. 51~96년 도미티아누스 황제(Titus Flavius Domitianus) 때 사도 요한은 에베소 교회에서 사역중에 기독교의 박해로 인해 밧

모 섬으로 유배되어 왔다. 그때 요한은 96세의 노령으로 초대교회 집사 중의 하나인 브로고로(행 6 : 5)와 함께 동행하였으며, A.D. 95년부터 97년까지 약 18개월 동안 머물면서 요한계시록(계 1 : 9)을 기록하였다.

16세기경 이 섬은 오스만(Ottoman) 터키의 지배하에 들어가 자치행정을 하다가 1832년 다시 터키의 통치를 받게 되었고, 1912년 이후에는 이탈리아로 귀속되었다가 제2차 세계 대전이 끝난 뒤 1947년에 파리협정에 의하여 그리스 영토가 되었다.

계시동굴(Cave of Vision)

이곳은 사도 요한이 1년 6개월 동안 머물면서 신구약 성경의 마지막 책인 요한계시록을 기록하였던 곳으로서 1090년에 이 동굴이 발견되어 보존되고 있다.

이곳 정문의 두 기둥에는 영어와 헬라어로 "계시록의 거룩한 동굴, 사도 요한은 밧모 섬에 있었더라(Holy cave of the Apocalypse, I was on the Island of Patmos."(계 1 : 9)고 기록되어 있고, 그리고 들어가는 입구에는 "그가 큰 음성으로 가로되 하나님을 두려워하며 그에게 영광을 돌리라 이는 그의 심판하실 시간이 이르렀음이니 하늘과 땅과 바다와 물들의 근원을 만드신 이를 경배하라 하더라"는 요한계시록 14장 7절 말씀이 기록되어 있다.

계시동굴을 살펴보면 중앙부분에 있는 천장바위의 삼각위치에는 구멍이 패여 있고, 세 줄로 금이 가 있는데 이것은 성부, 성자, 성령을 상징한다고 한다. 또 요한이 그의 머리를 바위에 기대고 잠을 잤기 때문에 그 바위에 구멍이 뚫렸다고 한다. 그리고 사도 요한이 계시를 기록하며 책을 보았던 위치도 볼 수 있었다. 그리스 정교회의 전승에 의하면, 이곳에서 사도 요한이 계시를 받을 때에 그 계시의 내용을 브로고로(Procorus)가 대필하였다고 한다. 그러나 확실하게 증명된 바는 없다.

이곳 계시동굴의 역사적 현장에서 보고 듣고 느낀 순례단원들은 필자의 집례로 성찬예식을 가졌다. 먼저 찬송가 144장 "예수 나를 위하여 십자가를 질 때"를 다함께 부른 후 고린도전서 11장 23~29절 말씀을 봉독하였다.

곧이어 필자가 "갈보리 십자가 위에서 돌아가신 주님이시여, 오늘 주님께서 사도 요한에게 말씀하셨던 계시의 현장에서 성찬식을 가지게 됨을 감사드립니다. 주님! 오늘 저희들이 떡을 떼며 잔을 마실 때마다 은혜와 복이 임하는 시간 되게 하옵소서. 오늘 이 시간, 우리들 앞에 또 다른 새로운 어느 계시보다 이미 주어진 계시의 말씀에 만족하고 감사하며, 그 말씀을 통하여 새로운 권능을 얻고 성령 충만하여 능력 있게 말씀을 증거케 하옵시고, 주님과 연합하는 귀한 시간 되게 하옵소서."라고 기도드린 후 분병과 분잔을 가지었다.

이후 순례단원들이 무릎을 꿇고 다같이 합심 통성기도를 한 후 명예단장 현인덕 목사님의 축도로 폐회하였다.

▲ 성찬식을 행하는 순례단원

성 요한 기념수도원
(St. John Memorial Monastery)

 이곳은 계시동굴의 바로 위에 위치해 있으며 밧모 섬 스칼라 항구에서 올려다보이는 최정상 코라(Chora) 위에 세워져 있다.
 B.C. 4세기경 이곳에 아데미(Artemis) 신전이 세워졌지만 이후 1088년에 크리스토 둘로스(Christo doulos)가 비잔틴 황제 알렉스 1세 콤메누스(Alexius I Commenus)에게서 이 섬을 기증받아 이 신전 위에 요한 기념수도원을 세우고 난 뒤에 이 수도원의 원장으로서 일을 하였다.
 수도원의 건축 양식은 비잔틴 스타일로 매우 예술적이며, 동서 길이가 70m, 남북 길이가 50m, 성벽 높이가 15m이다. 이 수도원의 박물관에는 많은 보물들과 희귀한 성경들이 소장되어 있는데 그 중에서 가장 크게 자랑할 수 있는 것은 마가복음이다. 이것은 서기 500년대에 기록되었으며 매장 첫 글자는 순금으로 기록되어 있고 나머지는 은으로 씌어져 있으며 '보물성경'이라고 불리고 있다. 또한 6세기의 가죽성경과 11세기의 고대 성경들이 200여 권 이상이 되며, 각종 성경과 연관된 성화, 그리스 정교회의 성인들의 그림과 순례자들이 기증한 유물들이 상당수 진열되어 있다.

또한 이곳에 파트미안 학교(Patmian School)가 세워져 있다. 이 학교는 1535년 네오케사리아 그레고리(Neocesaria Gregory)가 시작한 것으로서, 그리스 정교회의 사제들을 길러내는 신학교라기보다는 13세부터 19세까지의 연령층을 위한 7년 교육과정의 일반 중고등학교 과정에 해당된다. 이 학교는 전 교사와 100명으로 제한된 학생들이 숙식을 함께하고 공동체적인 형태로 전 과정을 이수하며 훈련을 받고 있으며, 수업료는 전액 무료이다.

1100년에는 이 수도원에 수도사가 약 100여 명이 있었으며, 1988년에는 수도원 건립 900주년 기념 성찬예배가 총 대주교의 집례로 성대히 거행되는 동안 이곳을 '거룩한 성'으로 명명하였고, 그리고 그날밤에는 철야기도회를 드렸다. 현재 수도원에는 그리스 정교회의 신부와 수도사들이 약 20명 정도 있으며, 정문 앞에는 항상 향을 피우고 촛불을 켜놓는다. 이것은 항상 기도하는 마음의 표로서 촛불을 켜 놓는 것이라고 한다. 그리고 정문 앞에서는 3~4명의 그리스 집시들이 들어오는 사람들에게 구걸하고 있다.

요한의 세례 터

밧모 섬의 해변가 바로 옆에 위치해 있다. 이 세례 터는 당시 사도 요한의 복음 증거를 통하여 예수 믿기로 결심한 자들에게 세례를 베풀었던 장소이다. 그 당시 사도 요한이 복음증거하며 세례를 베풀 때에 사탄이 방해하여 곧바로 사탄을 물리치고 잡아다가 앞바다에 던져 넣었다고 한다. 그래서 지금도 그 바다 위에는 노란 색깔의 표지판이 둥둥 떠 있으며, 그 바로 밑에는 큰 암초가 있다고 한다.

그 외에 밧모 섬에는 사도 요한이 유배되어 처음 도착한 후 잠시 유숙했다는 오두막이 있는데, 그 오두막 터 위에 작은 시카니아(Sykania) 기념교회가 세워져 있다.

이곳 밧모 섬에서 순례를 다 마친 일행은 판텔리스 식당(Pantelis Restaurant)에서 그리스식 저녁식사를 한 후 에피에 호텔(Effie Hotel)에서 육신의 피로를 풀었다.

제12장
아크로폴리스

▲ 세계 고적 제1호 아크로폴리스 전경

열한째날(Eleventh Day)

1999년 3월 24일 목요일 새벽 2시, 새벽 출발기도회는 필자의 인도로 밧모 섬 스칼라(Skala) 항구의 부둣가에서 가졌다. 다같이 찬송가 455장을 합창한 뒤에 시편 121편 1~8절 말씀을 봉독하였다. 이어서 디트로이트 순복음교회 담임 이병열 목사님께서, "오늘도 새로운 삶을 주시고 이 자리까지 인도해 주신 새벽의 하나님께 감사를 드립니다. 오늘 저희들이 배를 타고 저 아덴을 향하여 항해할 때 발걸음에 복 주시고 안전하게 항해할 수 있도록 인도해 주옵소서."라고 기도하신 후 폐회하였다.

이후, 안내자 손영삼 선교사님이 "여러분, 잘 지내셨는지요? 오늘 우리가 탈 배는 타이타닉 호같이 큰 배입니다. 그러므로 이제 안심하시기 바랍니다."라고 인사한 뒤에 순례 일정을 발표하였다. 그리고 난 뒤에 일행은 삼삼오오 짝을 지어 여기저기에서 마지막 밧모 섬에서의 기념 촬영을 하였다.

드디어 새벽 2시 40분경, 순례단원들은 로도스(Rodos) 호에 몸을 실었다. 이 배는 1,500톤이며, 1,800명을 태울 수 있는 거대한 여객선이었다. 당일, 단원 일행은 배 안에서 다시 새벽잠을 청한 뒤에 일어나서 그리스 빵과 커피로 아침식사를 했다.

집시선교(Gypsy Mission)

아침식사를 마친 후 순례단원 일행은 집시선교의 개척자 손영삼 선교사님을 모시고 선상 집시선교 특강을 들었다.

먼저, 집시선교의 개척자인 손영삼 선교사님이 집시선교를 하게 된 동기를 말하였다. 어느 날 어느 병원에서 어렵고 가난한 극빈자인 8명의 산모들 가운데 7명의 집시 산모가 고생하는 것을 보고 집시선교에 첫 도전을 받아 집시들에게 복음을 증거하게 되었다고 하면서 "정말, 이 집시선교는 매우 어렵습니다."라고 덧붙여 말했다. 어느 분은 말하기를 집시선교는 밑 빠진 독에 물붓기라고 하지만 자신은 밑 빠진 독의 바깥에 물붓기라고 생각한다고 하여 웃음을 자아냈다.

그는 또 말하기를, 12년 동안 집시선교를 하고 있지만 집시들은 '땡큐(Thank you)'라는 것과 '아임 쏘리(I'm sorry)' 라는 말은 할 줄도 모르고, 아예 그들의 대화 속에는 '감사'라는 용어 자체가 없다고 하면서 집시선교의 고충을 말하기도 하였다.

(1) 집시선교란?

집시선교는 그리스의 집시 종족 복음화를 위해 예수 그리스도의 복음을 전파하는 일이며, 특별히 이 선교사역은 이미 미전도 지역에서 채택되어 온 전통적인 선교전략을 기초로 하여 적용되는 것으로 첫째는 구제선교사역, 둘째는 의료선교사역, 셋째는 교육선교사역, 넷째는 입양선교사역에 중점을 두고 선교하는 일이다.

(2) 집시의 역사

집시(Gypsy)란 원래 인도지방에 살던 유목민으로서 11세기에는 페르시아로, 14세기에는 유럽 남동부 지역으로, 15세기에는 서유럽으로, 그리고 20세기 후반기에는 아메리카 대륙과 오스트레일리아로 이동하여 현재 전 세계적으로 약 4천만 명의 집시들이 흩어져 살고 있다.

(3) 언어와 종교

집시들은 거의 95%가 문맹들로서 글을 읽거나 쓸 줄 모르는 족속이다. 그래서 그들 자신들이 기록한 어떤 자료나 그들의 문자가 없다.

집시들의 종교관은 모든 것을 수용하는 것이다. 하나님이란 개념을 그들의 언어로 오 델(O Del)이라 하여 달신, 태양신, 바람신 등으로

▲ 손영삼 집시 선교사와 필자

자연의 삼라만상을 뜻한다.
   그래서 집시들은 다원주의 종교관을 갖고 있다. 그들이 믿고 있는 오 델이라는 하나님은 어떠한 분인가?
   우주가 창조되지 않았던 어느 날 하나님이 나타났다. 이 하나님은 혼자가 아닌 선의 근본이며(O Del), 악의 근본(O Bengh)이라고 한다. 상호간에 능력이 있고 각각 대항하는 원리이다. 이러한 원리는 보이지 않는 원리가 아니고, 반대로 자연의 요소로부터 만들어진 것이다. 이러한 것들이 지구 교회를 만들었고 집시들을 만들었다고 믿고 있다. 하나님이신 오 델은 인간은 창조했으나 지구는 창조하지 않았다고 믿고 있다. 하나님이 흙으로 두 조각품을 만들었는데 하나는 여자이고 또 다른 하나는 남자이다. 그후에 하나님께서 코에 생기를 불어넣어 사람을 만들었다고 한다.
   어느 날 하나님은 사람을 만들기로 결정했다. 하나님은 밀가루를 반죽해서 사람 모양으로 만들어서 오븐에 넣어 구웠다. 그후에 하나님은 산책을 하느라 깜빡 잊어버렸다. 그가 돌아왔을 때 사람은 이미 까맣게 타 버렸다. 이들이 바로 흑인의 조상이 되었다. 그후에 다시 사람 모양을 만들어 오븐에 넣었다. 탈까봐 걱정이 되어 빨리 오븐을 열었더니 사람이 너무 창백해졌다. 이들이 백인의 조상이 되었다. 그래서 하나님께서는 세 번째의 실험을 했다. 이번엔 양쪽으로 잘 구웠다. 잘 구워지고 아름다운 빛깔을 지닌 사람들이 바로 집시의 조상이 되었다고 한다.
   집시들은 각 지역으로 이동할 때마다 지역적인 종교의 영향을 다양하게 받았다. 예를 들면, 인도에 거주하던 집시들은 힌두교의 영향을, 중동지방에 사는 집시들은 이슬람교의 영향을, 그리고 발칸반도에서 지내고 있는 집시들은 동방 정교회의 영향을 받고 있다.

(4) 일상적인 생활

집시들의 삶의 특징을 한마디로 말하면 이동생활이다. 그들은 인도로부터 발생하여 수세기를 거치면서도 여전히 자기 종족의 삶의 양식을 보존하고 자신들의 민족성을 자랑스럽게 여기며 나름대로 낭만적인 삶을 영위해 나가고 있다.

그들은 오늘 이곳에 살다가 내일 갑자기 저곳으로 이주한다. 그 이유는 정치적으로 추방을 받기 때문이며, 또 다른 일거리를 찾기 위하여, 그 계절에 구할 수 있는 농작물을 얻기 위하여 이동한다. 그 한 예로, 토마토를 수확할 때에는 토마토밭 근처에 가서 텐트를 치고, 포도를 수확할 때에는 포도밭 근처에 가서 텐트를 치고 그곳에서 일하며 여름을 보낸다.

집시들의 이동은 매우 능숙하며 간편한 생활양식을 지니고 있다. 장막을 치고 그 속에 모포 몇 장을 깔아 놓고 그 안에서 음식도 먹고, 잠도 자고 교제한다. 상·하수도 시설이 전무하고, 전기와 화장실이 없는 생활이므로 문명의 혜택 속에서 사는 현대인들의 생활방식과 상식으로는 적응할 수 없는 환경이다. 그러나 집시들은 그 속에서 자유롭게 살아간다.

또한 집시들은 거의 다 문맹이기 때문에 주로 농업에 종사하고, 조금 계산이 빠른 집시들은 장사를 하면서 생계를 유지해 나가는데 즉, 도매시장에서 물건을 받아 노상에서 소매로 판매한다. 그들의 이동수단은 역사적으로 도보로 시작하여 마차, 용달차, 자동차, 트럭 등을 사용하였다.

(5) 집시 부족 복음화를 위한 4가지 선교전략

① 구제선교사역

하나의 천막 속에서 일생을 막노동 하면서 굶주림과 추위에 떨고 있는 집시들에게 예수 그리스도의 복음 증거를 위하여 탄생, 십자가, 고난, 승천, 재림을 설파한다면 접근방법에 문제가 발생하여 거부반응이 나올 것이다. 그래서 그들에게 먼저 자비와 구제를 베푸는 일이 필요하다. 성탄절 때마다 자선냄비를 통해 불우이웃돕기를 벌이는 구세군의 창시자 윌리엄 부스(William Booth)의 방법을 들 수 있다. 그는 말하기를 "배고픈 사람들에게 복음을 먼저 전하는 일은 어리석은 것이다. 그들에게 먹을 것을 주어 배가 불러서 들을 수 있는 귀가 준비되었을 때 복음을 전해야 효과적인 전달이 될 수 있다."라는 말은 가난한 자들을 향한 선교전략이 될 것이다.

② 의료선교사역

집시들은 상하수도와 화장실, 목욕탕이 없는 비문명적 생활을 하며 비위생적인 환경에 살기 때문에 많은 질병에 시달리고 있다. 그래서 그들에게 의료약품을 통한 복음 접근은 효과적인 방법이 될 수 있다.

③ 교육선교사역

집시들의 문맹률은 95%이다. 그 이유는 여러 가지인데 취학연령인 7세가 지나면 노동력이 있다고 하여 일을 시키며, 초등학교 6년을 마치는 기간 동안 최소한 60개 이상의 학교로 전학해야 하며, 대중교통수단이 없으며, 전기 및 상하수도 등 문화시설이 전혀 없는 낙후된 상태이며, 부모들의 교육열이 부족하기 때문이다. 그래서 이들에게 먼저 언어교육을 시킨 후에 성경공부와 말씀 가르침, 제자 양육을 해야 할 것이다.

④ 입양선교사역

이 선교전략은 두 가지 주요 목적을 가지고 있는데, 하나는 지도자 훈련과 양육이며 또 다른 하나는 그들을 통해 교회를 개척하는 일이다. 현재 손영삼 선교사님은 미전도 종족 집시선교를 위하여 두 양아들을 입양하여 키우고 있는데 장남은 발란디스이며, 차남은 쎄오도로스이다.

그리고 그는 집시선교를 위하여 현지인 집시 목회자와 지도자 양육을 하는 일에 특별히 기도를 부탁하기도 하였다.

아덴(Athen)

　1999년 3월 24일 목요일 오후 12시 10분. 아덴의 남쪽 항구 피레아스(Pireas) 항구에 도착한 순례단원 일행은 이제부터 터키 순례를 끝내고 그리스 아덴 지역을 순례하기 시작하였다.
　아덴(Athen)은 어떠한 곳인가?
　이곳에 사람이 거주하기 시작한 것은 신석기 시대 때 아크로폴리스(Acropolis) 성채와 그 주위지역이었으며 청동기시대 때에는 성벽을 축조하였다.
　B.C. 5세기 초엽에 페르시아가 침공하여 성읍을 확장시켰고, B.C. 594년에 아덴의 입법가인 솔론(Solon)이 법을 제정함으로 아덴 사람들에 대한 학정을 금지하는 자기 방어적 수단을 제공했으며, B.C. 5세기 말경에는 클레이스테네스(Cleisthenes)가 민주주의를 창시함으로 그리스를 민주주의의 발상지로 만들었다.
　또한 이곳은 세계적인 철학자 소크라테스(Socrates)와 플라톤(Platon) 등의 활약으로 고전문명의 많은 지적, 철학적, 예술적 성과를 남긴 도시였다.

사도 바울이 아덴의 아레오바고(Areopagus) 법정에서 복음을 증거하여 관원들을 회심자로 얻은 곳이기도 하다. 그리고 현재에도 옛 유적들이 많이 남아 있다.

오늘날 아덴은 그리스의 수도이면서 제1의 도시로서 4백만 명의 인구가 있으며, 한인 주재원들과 학생들이 주축이 된 2개의 한인교회, 3개의 한인식당이 있다.

▲ 아크로폴리스를 바라보면서

아레오바고(Areopagus)

아레오바고는 그리스의 군신인 "아레스(Ares)"의 동산이라는 뜻이며, 라틴어 표기는 마르스이며 따라서 마르스 언덕회(The Mars Hill)의 모임 장소이다. 이곳은 당시 유력한 원로와 재판관들이 모여 역사, 철학 또는 모든 종교 문제들을 토론하며 규명하였던 장소이기도 하다.

이곳에서 일어난 최초의 사건은 아레스가 자기 딸을 능욕하려던 헬리로티우스(Helirrothios)를 살해한 사건이었다고 전해지고 있다.

특별히, 신약성경 속에서의 사도 바울은 이곳에서 아레오바고연설(The Areopagitica)을 하였다. 사도 바울이 아레오바고 언덕 위에서 에비구레오(Epicurean)와 스도이고 철학자(Stoic Philosopher)들에 이끌려 그 유명한 '알지 못하는 신(A Known God)'에 대하여 말하면서 내가 믿고 섬기는 하나님은 창조주이시며 살아 계신 분이라고 사도행전 17장 16~31절에서 지적으로, 논리적으로 그의 신론을 설파했다. 그것이 바로 그 유명한 사도 바울의 아레오바고 연설이었다.

부르스(F. F. Bruce)는 말하기를, 사도 바울이 아덴 사람들에게 신론을 가르쳤는데 그것은 "첫째, 하나님은 우주와 그 가운데 있는 만유를 지으셨다. 지극히 높으신 하나님은 '천지의 주재'이시다(창 14 : 19, 23). '땅과 거기 충만한 것이 다 여호와의 것이로다'(시 24 : 1). 둘째, 하나님은 사람들의 손으로 지은 신전에 계시지 않는다. 셋째, 하나님은 자신이 지으신 사람들에게서 아무것도 바라지 않으신다."라는 것이었다고 하였다.

사도 바울의 빈틈없는 논리와 온전한 신학으로 된 그의 설교는 대성공적이었다고 후세의 역사가들은 평가하고 있다.

또 세계적인 대학의 도시인 아덴에 나타난 사도 바울의 모습은 어떠했을까?

이에 대해 람세이(W. M. Ramsay)는 "그때 사도 바울의 기분은 하버드 대학 출신의 미국 학자가 처음으로 영국의 옥스퍼드 대학을 구경할 때의 심경과 별 차이가 없었을 것이다."라고 했다.

사도 바울은 아덴의 유서 깊은 위대한 대학을 방문하는 중에서도 학자로서, 감탄과 풍부한 이해력으로 그곳을 답사하고 그 속에 융화되어 교육을 받은 엘리트들과 함께 격의 없이 대화를 하였을 뿐만 아니라 그는 약 2~4주간도 채 안 되는 짧은 기간 동안 아덴에 머물면서 유대인 회당과 아고라(Agora) 광장, 그리고 그곳의 거리를 배회하면서 소크라테스식으로 담론하였다. 그래서 이곳을 소크라테스 시대의 아덴이 아닌 사도 바울 시대의 아덴으로 만들어 버렸다.

현재 이곳 아덴을 방문하는 순례자들은 빌로바뻬스(Philopappos) 언덕으로 오르는 비탈길의 기슭에 동판으로 새겨진 바울의 연설문

(행 17 : 22~31)을 볼 수가 있다. 이곳에 도착한 일행은 당시 사도 바울이 복음 증거한 사도행전의 말씀을 자세히 읽은 후 기념촬영을 하였다.

소크라테스의 무덤(Socrates' Tomb)

B.C. 380년경 고르기아(Gorgias)의 허무주의가 무너지고 새로운 치유적 인물인 소크라테스(Socrates, B.C. 469~399)가 등장했다. 그는 그리스 아덴에서 태어나 70년 동안 살면서 너무나 유명한 철인(哲人)의 삶을 살다가 죽었다.

너무나 유명하였던 철학자 소크라테스는 대단한 추남이었던 것 같다. 그 당시 유명한 인물은 그에 해당하는 신화의 주인공, 신으로 비유하는 일이 자주 있었다. 소크라테스는 추남신인 실레노스(Silenos)에 비유되었는데, 그 신은 남들이 있는 곳에 나타나지 못하고 장마비가 그친 뒤에 혼자서 논두렁을 돌보는 신으로 묘사되었다.

제자들이 소크라테스에게 "비가 오면 불편하겠습니다. 콧구멍이 우리와 같이 아래로 향해 있지 않고 위로 되어서 빗물이 들어가지 않겠습니까?"라고 물었더니, 그는 "그야 그렇지. 자네들은 땅에서 올라오는 냄새를 맡으며 살지만 나는 위에서 내려오는 신선한 것을 받아 가지고 살거든."이라고 대답하였다. 그리고 그는 항상 청렴 정직하고, 순결성을 지니고 있었으며, 욕심도 없고, 외모에도 관심이 없었으며, 솔직한 성품의 소유자였다고 한다.

소크라테스의 철학은 당시 자연 연구에 몰두해 있던 철학적 방향을 인간 성찰의 방향으로 바꾸었다. 이 인간 성찰은 자연히 자아에 대한 자기 반성의 길로서 "너 자신을 알라"는 것이며, 그는 자기 자신을 아는 것이 학문의 기초라고 보았던 것이다. 소크라테스는 자기를 찾아오는 제자들에게 "내가 다른 스승들보다 앞서 있는 것은 내가 무엇을 모르는지를 알고 있다는 것이다."라고 지적하였다. 즉 그는 자기 자신이 알지 못하고 있다는 것을 아는 것(無知의 知)으로부터 출발하고 있다. 내가 무엇을 모르는지도 모르는 사람은 아무 것도 알아낼 자격이 없기 때문이라고 했다.

그럼 스승으로서 할 일은 무엇인가? 그것은 내가 아는 것을 가르치는 데 있지 않고, 상대방으로 하여금 진리를 찾아내게 하는 산파역을 맡으면 된다는 것이다.

소크라테스는 그 당시의 도덕과 진리를 꿰뚫어보았으며, 아덴의 거리를 배회하면서 진실과 정의를 외쳤다. 그리고 그를 추종하는 귀족의 자제들 때문에 마침내 정부의 미움을 받아 재판에 회부되기까지 하였다. 그 이유 중의 하나는 무종교, 즉 정부에 의해서 인정된 신들을 인정치 않고 새로운 신들을 소개했으며, 또 다른 하나는 아덴의 청년들을 타락하게 하였다는 것이었다.

그래서 존경받아온 철인 소크라테스가 독약을 마셔야 할 사형선고까지 받게 되었다.

그가 독배를 마셔야 했던 이유는, 그의 학문과 사상 때문도 아니요 또한 아덴의 젊은 청년들을 선동했다는 죄도 결코 아니다. 다만, 인간적인 감정과 배후에 깔린 정치적 이해관계, 즉 "너 자신을 알라"는 소크라테스의 명강의와 대화를 통한 그의 폭발적인 인기의 절정에 대한 인간의 미움과 질투 때문이었을 것이다.

우리 순례단원들은 그 유명한 소크라테스의 무덤 앞에 서서, "와! 여기가 소크라테스의 무덤이구나!" 하고 놀라면서 너나 할 것 없이 기념촬영을 하느라 매우 바빴다. 이후 단원 일행은 "주를 앙모하는 자 올라가……"를 찬송하면서, 저 높은 빌로바삐스 언덕을 향하여 올라갔다.

아크로폴리스(Acropolis)

아크로폴리스는 아크로(Acro '높은')와 폴리스(Polis '도시국가')의 합성어이다. B.C. 8세기경 아크로폴리스는 그리스 왕국에서 도시 국가의 형태로 대치되어지면서, 이곳 고대 그리스 도시의 방어목적으로 만든 중심지역이며, 가장 높은 곳에 세워졌다. 또 종교적 의미를 포함하고 있기 때문에 그 도시에서 가장 주격으로 섬겼던 신의 신전을 짓는 것이 기본이었다. 그 중에 가장 대표적인 것이 아크로폴리스인데, 이 신전은 아덴 시의 수호신인 아덴 여신을 위해 지어졌으며, 현재 유네스코(Unesco)가 지정한 세계고적 제1호로서 그 명성을 자랑하고 있다.

이 건물은 B.C. 447년에 공사가 시작되어 B.C. 438년경에 완성된 것으로서 길이 30.89m, 폭 69.5m, 높이 기단직경 2m를 포함하여 12.45m로 기둥이 46개이며, 내부 안에 놓기 위해 금과 상아로 만든 약 10m 높이의 아덴 여신상이 있다.

오늘날까지 남아 있는 이곳 성벽의 입구에는 아덴 여신을 모신 신전인 프로필레아(Propylaea), 델로스(Delos), 동맹의 보물창고인 파르테논(Parthenon), 농업신들의 신전인 에렉시온(Erechtheion), 그리고 도리아인(Dorians)과 이오니아인(Ionians)이 있으며, 아덴 정부치하에서 화목하게 사는 것을 상징하는 승리의 여신 니케(Nice)가 있다.

또 이곳 성벽의 밑으로는 B.C. 6세기경에 세운 술의 신 바커스(Bacchus)의 연극장이 있고, 그리고 그 옆에는 마라톤 시의 부유한 귀족이며 철학교사였던 헤롯 아티커스(Tiberius Claudius Herodes Atticus)가 세운 5,000 좌석의 극장이 있다.

이 유적지는 1468년 이곳을 점령한 터키인들이 파르테논 신전의 남서쪽에 첨탑을 세웠으나 그밖의 건물들은 아무 변화 없이 원형그대로 보존되었다. 1799년~1800년에 터키의 허락하에 콘스탄티노플(Constantinople)의 영국대사 엘진(Lord Elgin) 경이 그때까지 남아 있는 조각품의 대부분을 철거해 1861년에 런던의 대영박물관으로 옮겼다. 그러나 현재 이곳에는 아직도 많은 유적들이 남아 있다.

세계 제1의 유적지 현장을 구경한 순례단원들은 고대 그리스인들의 건축기술과 업적을 높이 평가하지 아니할 수 없었으며 다시 한번 크게 경탄하였다.

▲ 아크로폴리스에서의 유영목 목사, 유미지 사모 부부

고린도(Corinth)

고린도는 그리스 중남부의 펠로폰네소스(Peloponnese) 반도에 위치하고 있고, 아덴에서부터 서쪽으로 약 80km 떨어져 있다. 이 곳은 가파르게 솟아 있는 아크로고린도(Acrocorinth, 성채가 있는 곳) 기슭에 자리잡고 있어서 외적의 침입을 쉽게 방어할 수 있기 때문에 이 도시를 '그리스의 족쇄(Fetters of Greece)' 라고 부르고 있다.

B.C. 8세기 초 고린도는 도시국가의 상업 중심지로 발전해 오다가 B.C. 338년 마케도냐의 빌립 왕(Philip King, Macedonia)으로 인해 종말을 고했고, B.C. 146년 로마의 쿠키우스 무미우스(Kukius Mummius) 장군에 의해서 완전히 파괴되었다.

로마시대에 이 도시는 부와 방탕의 도시로 유명했다. 2개의 무역 항구가 있어 당시에 사치의 극치를 이루었던 것을 증명해 주고 있다. 아크로고린도에는 사랑과 미의 신인 비너스(Venus) 신전이 있는데 이곳에 무려 1천 명이 넘는 '성스런 노예들(Hierodouloi)' 이 있어서 매음을 일삼았던 부도덕한 음란의 도시이다. 그래서 은어 중에 '고린도인'이란 말은 사치와 부도덕과 음탕한 사람을 가리키는 단어로 사용되었다.

▲ 고린도 교회 앞에서

또 그리스 시대의 고린도는 무역이 성행하여 상업화된 쾌락의 중심지였으며, 체육과 철학의 꽃을 피우기도 했는데 '통 속의 철학자'로 알려진 디오게네스(Diogenes)가 이곳 출신이기도 하다.

특별히 사도 바울은 제2차 전도여행시 고린도에서 50년 가을부터 52년 봄까지 18개월 동안 머물렀으며(행 18 : 11), 3차 전도여행 때는 56년 가을부터 57년 사이에 이곳을 방문한 바 있다. 사도 바울이 이곳에서 데살로니가로 돌아가기에 앞서 한밤중의 환상 속에서 주님의 음성을 듣고 오래 머물렀으며(행 18 : 9~11), 당시 로마 황제 글라디우스(Claudius)에 의해 로마에서 추방당한 아굴라, 브리스길라와 함께 동업으로 천막을 제조하며 복음 전파를 하였다(행 18 : 1~4).

사도 바울의 고린도 선교사역에 있어 중요한 3가지 고고학적 관심이 이곳 유적지에 나타났는데, 그 중에 하나는 유니우스 갈리오(Junius Gallio A.D. 51~53)가 총독 앞에 끌려갔었다는 로마의 법정(Bema)이다. 이곳은 두 개의 계단으로 받쳐진 높은 연단으로서, 청색과 흰색의 대리석으로 되어 있으며, 양쪽 가에는 긴 의자들이 둘려 있고, 이것들 뒤로는 아고라의 낮은 부분에서 높은 부분으로 연결되는 통로가 나 있다. 이것은 공공 연설장인 연단에 대한 로마인들의 개념과 완전히 일치한다.

극장의 남쪽을 향한 거대한 포장지역에서 포장석들 중 한 돌에서 발견된 "자비로 포장된 조영관 에라스투스에 답례하여"라고 새겨진 글판이다. 고린도에서 바울이 로마서를 쓸 때(롬 16:23) 고린도 성의 재무관 에라스투스(Erastus)의 문안도 전하고 있다.

그리고 프로필레아 성문 근처에서 발견된 대리석 조각 중에 "히브리 회당"이란 글자의 중간 부분의 기록은 어떤 건물의 상인방석(Lintel Block)이었을 것이라고 추정하고 있으며 동시에 이것은 고린도에도 유대교 집단이 있었음을 입증해 준다.

고린도 교회의 모습은 어떠한가?

신고린도 시내 중앙에 사도 바울 기념 고린도 교회가 있다. 이 교회의 정면 좌측으로 천국 열쇠를 쥐고 있는 모자이크로 된 베드로와 우측으로는 성경책을 들고 있는 모자이크로 바울이 새겨져 있다. 현장 입구에는 '사랑장'(고전 3:1~8)이 대리석판에 씌어 있고, 좌측에는 역대 교역자 명단(1대는 사도 바울, 2대는 아볼로, 3대는 실라, 4대는 소스데네 등)이 시무년도와 함께 자세히 기록되어 있다.

이 고린도서는 고린도 교회에 바울파, 아볼로파, 게바파, 그리스도파 등으로 분파 싸움이 많았고(고전 1:12), 기독교인들의 삶의 원리를 백과사전같이 설명해 주고 있다. 우리의 육체 자체가 곧 하나님의 성전(고전 3:16)이므로 음행하는 자들과 사귀지 말라(고전 5:9) 했으며, 세상 사건으로 불신자 앞에 송사하지 말라 하면서 차라리 속는 것이 바른 신앙이라고 권면했으며(행 6:7), 우상 제물에 관해서는 조심스럽게 묻지 말고 먹으라고 했으며(고전 10:25~27), 그 외에도 고린도전서 7장의 결혼 이야기, 12장의 은사

문제, 13장의 사랑 이야기, 15장의 부활문제 등 기독교의 기본 교리와 신앙 원리들을 잘 설명해 주고 있다.

또한 이곳은 철학자 디오게네스가 대낮에 등불을 들고 음란하고 죄악이 관영한 고린도 성과 비너스 신전을 걸어다니며 새로운 진리와 빛을 찾아야 된다고 소리 높여 외쳤다고 한다.

이 지역에는 유명한 고린도 운하가 있다. 당시 사람들이 배를 타고 펠로폰네소스 반도의 말레아스 갑(岬, Cape Maleas)을 돌아가려면 시일이 많이 소요되므로 통나무 룰러로 끌어당겨 그 지협을 통과하였다. 그래서 폭군 페리안더(Periander, B.C. 625~585)가 운하를 뚫고자 계획하였으나 끝내지 못하다가, A.D. 65년경 네로(Nero) 황제가 이 일을 재개했으나 완공을 보지 못했다. 1800년 동안 이 일이 방치되어 오다가 1881년 프랑스 건설자들에 의해 시공되어 1893년에 완공되었다. 이 운하의 길이는 6.5km, 수폭은 22m, 높이는 약 80m, 그리고 수심은 9m이다.

순례 일행이 이곳 높은 운하에서 바다를 향하여 밑을 바라보니 정말, 아찔했다! 그리고 안내자의 말에 의하면 몇 년 전 한국인 한 명이 이곳에서 뛰어내려 전세계를 놀라게 했으며, 유일하게 신기록을 세우기도 하였다고 한다.

◀ 고린도 운하

겐그레아(Cenchrea)

겐그레아는 고린도에서 동남쪽으로 약 11km 떨어진 항구이다. 당시 고린도에는 2개의 항구가 있었는데 북쪽 항구는 로마로, 남쪽 항구인 이곳은 소아시아와 예루살렘 방향으로 항해하였다. 현재 지명은 케흐리에스(Kehries)라고 불리고 있다.

사도 바울은 2차 전도여행시 고린도에서 18개월간의 선교사역을 마치고 이곳 겐그레아 항구에서 에베소 방향으로 출항하였고, 또 그가 고린도에 머물면서 로마서를 집필할 때 겐그레아 교회의 뵈뵈(Phoebe) 집사는 A.D. 52~53년의 겨울에 바울의 편지를 받아 로마까지 가서 그것을 전달하였다.

A.D. 53년 그 해의 봄에 사도 바울은 서원한 것을 행하기 위해 머리를 깎고 그의 동료들(실라, 디모데, 누가, 브리스길라, 아굴라)과 함께 겐그레아 항구에서 배를 타고 수리아로 떠났다.

당시 이 근역 지협에서는 매 3년마다 올림픽과 같은 이스무스 경기(Isthmus Game)가 벌어졌는데 그 경기는 8개 종목으로 경마,

레슬링, 경주, 권투, 마차 경주, 음악, 시 경연, 그리고 짐승 결투였다. 그때 사도 바울은 고린도전서 9장 24절에서 "운동장에서 달음질하는 자들"을 비유하면서 썩지 아니할 면류관을 얻기 위하여 절제할 것을 권면하였는데 이것은 바로 이 경기를 연상하면서 기록했을 것이다.

그곳에서 온 순례단원들은 겐그레아 해변가의 물 속에 들어가 다 같이 "저 멀리 뵈는 나의 시온성……"을 큰 소리로 불렀다. 그리고 뉴저지 프린스턴 영광교회 윤사무엘 목사님이 "전능하신 하나님 아버지, 오늘 이곳 현장까지 인도해 주신 은혜를 감사드립니다. 사도 바울 선생님께서 이곳에서 1년 6개월 동안 계시면서 복음 증거하며 머리를 깎았던 그의 모습을 생각하며, 그리고 뵈뵈 집사님의 충성스러운 믿음을 다시 한번 기억할 수 있게 됨을 감사드립니다. 주님, 저희들도 땅 끝까지 주의 복음을 증거하도록 새 힘을 주옵소서."라고 기도를 드렸다.

이후 이곳에서 기념촬영을 하였고, 그때 순례단원 중 한 분이, "어느 집이 사도 바울 선생님의 머리를 깎은 이발소입니까?"라고 말해 주위의 웃음을 자아내기도 했다.

▲ 겐그레아 해변가에서

올림픽 경기(Olympic Game)

겐그레아 지역을 순례한 단원 일행은 마지막 코스인 올림픽 경기장을 보기 위하여 다시 아덴을 향해 달려갔다.

올림픽은 B.C. 776년 '하늘의 신'이며 '신들의 아버지'를 상징하는 제우스(Zeus)를 기리기 위해서 올림피아 지역에서 매 4년마다 운동경기를 개최하였던 것이 첫 유래가 된다.

스테이드라는 한 가지 경기만 열리던 올림픽이 B.C. 724년에는 400m 경기와 비슷한 디아울로스라는 경기가 포함되었고, 4년 뒤에는 근대의 5,000m 경주에 비유될 수 있는 장거리 경주가 포함되어 올림픽 경기를 치러 왔다.

그런데 A.D. 313년 콘스탄틴 대제의 밀라노칙령(Constantine the Great, the Edict of Milano)으로 기독교가 공인된 후 비잔틴 시대에 우상 역사라는 이유로 약 1,500년간 금지되어 오다가 다시 1894년 피에르 드 쿠베르탱(Pierre de Coubertin)에 의해서 근대 올림픽으로 시작이 되었다. 그는 프랑스인으로 그리스 여행중에 이곳에서 고대 올림픽의 발생지인 올림피아의 발굴현장을 목격하고 1892년 올림픽 경기의 재개를 프랑스 운동경기 연맹에 처음으로 거론하여 결성하게 되었다. 그는 1896년부터 1925년 동안 국제 올림픽 초대위원장을 지내다가 체육에 관한 저서와 올림픽 경기의 업적을 남기고 1937년 9월 제네바에서 사망하였다.

근대 올림픽 경기의 역사는 제1회 대회가 올림픽의 발상지인 아덴에서, 제24회가 1988년 서울에서 개최되어 계속적으로 이어지고 있다. 특별히 올림픽 게임에서 최고의 절정이며 꽃이라 할 수 있는 것은 마라톤이다. 이것은 고대 그리스의 해안 도시의 이름에서 유래된 것으로서 B.C. 490년 아덴이 페르시아를 물리치고 그 승전소식을 전하기 위하여 격전지였던 마라톤에서 아덴까지 약 40km에 이르는 거리를 단숨에 달려갔다는 한 그리스 병사의 전설적인 위업을 기리기 위해서 생긴 것이다.

이로 말미암아, 제1회 올림픽대회의 마라톤 경기에서 그리스인 스프로스 루이스가 우승하였고, 제11회인 1936년 베를린 올림픽에서 손기정 선수가 일장기를 달고 마라톤대회 신기록인 2시간 29분 19초 20으로 우승하였으며, 이후 1992년 제25회 바르셀로나 올림픽대회에서 태극마크를 단 황영조 선수가 2시간 13분 23초로 완주해 금메달을 획득한 바 있다.

이곳 세계 올림픽의 발상지인 올림피아 경기장 안에 있는 순례단원 일행은 "자! 우리도 달립시다!" 하고 큰 소리로 외친 다음 단숨에 주경기장 트랙을 한 바퀴 돌아왔다. 그때는 모두 금메달을 딴 듯한 기분이었다.

이제 우리는 고대나 현대의 올림픽 경주에서 승리자에게는 월계관이나 금메달을 머리에 씌어 주고 목에 걸어 주듯이, 앞으로 다가올 밀레니엄의 새 시대를 향하여 달려가야 할 영적 올림픽 게임에서 힘차게 달음박질하여 승리자가 되어 생명의 면류관(계 2 : 10), 자랑의 면류관(살전 2 : 19), 의의 면류관(딤후 4 : 8), 그리고 영광의 면류관(벧전 5 : 4)을 분명히 얻어야 할 것이다.

  오늘의 하루 순례와 이번 모든 순례 일정을 마친 일행은 안내자 손영삼 선교사님의 폐회기도가 있은 후, 곧장 육신의 양식을 취하기 위하여 아테네 서울식당으로 달려갔다. 그곳에서 오래간만에 맛있는 한정식으로 즐겁게 음식을 먹은 후 아덴 시내 한가운데 있는 프레지덴셜 호텔(Presidential Hotel)에서 여장을 풀었다.

▲ 올림픽경기장에서

제13장

아덴에서 뉴욕으로

▲ 국제공항에서 류인곤 목사와 박등배 목사

열두째 마지막 날(Twelfth Last Day)

　1999년 3월 25일 금요일 새벽 4시. 이번 소아시아 일곱 교회 순례와 사도 바울 성지의 순례 일정을 모두 마친 46명의 순례단원들은 이곳 역사적인 현장의 순례를 통하여 일평생 삶의 큰 추억을 간직한 채 아덴 시내의 중심가를 달렸다. 손영삼 선교사님의 인사 말씀이 있은 후 단장인 필자가 이번 행사의 폐회사를 한 후에 폐회기도를 드렸다.

　"하나님의 은혜와 복을 감사드립니다. 이번 소아시아 일곱 교회들에게 주신 교훈과 사도 바울의 발걸음을 통하여 보고 느끼며 배운 진리의 말씀들과 영적 재충전으로 인해 하나님께 큰 영광 돌리는 삶이 되게 하옵소서. 그리고 주님의 교회가 확장되며, 46명이 섬기는 교회와 그들의 목양지가 질적, 양적으로 부흥되게 하옵소서. 특별히 그들의 강단에서 흘러나오는 말씀의 꿀이 양들을 살찌게 할 뿐만 아니라 하나님의 능력과 기적이 나타나는 역사가 일어나게 하옵소서. 이 행사를 위하여 물심양면으로 봉사하신 귀한 손길들과 순례단원들에게 복 주옵소서. 안전하게 도착할 수 있도록 임마누엘로 동행해 주옵소서."

잠시 후 아덴 헬레니코 국제공항(Helliniko International Airport)에 도착한 46명의 순례단원들은 그 동안 잠시 정들었던 사람들과 마지막 인사를 나눈 뒤에 각자의 지역인 뉴욕, LA, 필라델피아, 시카고, 리치먼드, 워싱턴, 테니시스, 디트로이트, 샌프란시스코, 캐나다 그리고 아이오와로 떠났다.

필자는 필라델피아 단원들을 인도하여 루프탄사 보잉 항공기(Lufthansa, Boeing 747)에 몸을 싣고 독일 프랑크푸르트(Frankfurt)를 거쳐 1999년 3월 25일 금요일 오후 4시 30분경 뉴저지 뉴왁 국제공항에 도착하였다.

우리 모든 순례단원들은 그 동안 말할 수 없는 하나님의 크신 복과 은혜로, 무사히 다녀오게 된 것을 하나님께 감사드렸다. 그리고 '할렐루야'로 찬송하며 밧모 섬, 소아시아 일곱 교회 및 사도 바울 성지 순례라는 대장정의 막을 모두 내렸다.

참고문헌(Bibliography)

Akisiti, Ilhan. Turkey, Turkey : Secil Ofset, 1997.

Ayyildiz, Ugur. Istanbul, Turkey : Net Turistik Yayimlar A. S., 1995.

Berkhof, Louis. Manual of Christain Doctrine, Grand Rapids : Wm. B. Eerdmans, 1965.

Bruce, F. F. Paul; Apostle of the Free Spirit, Great Britain : Paternoster Press, 1985.

_____, The Spreading Flame, Grand Rapids : Wm. B. Eerdmans, 1961.

Cruse, C. F. The Ecclesiastical History of Eusebius Pamphilus, Grand Rapids : Baker, 1973.

Haitalis, Dimitris. Athens Between Legend and History, Athen : A. Detroulakis, 1995.

Halley, Henry H. Halley's Bible Handbook, Grand Rapids : Zondervan, 1965.

Karpodini-Dimitriadi, E. Greece, Athen : Ekdotike Athenon S. A., 1996.

Latourette, Kenneth Scott. A History of Christianity Vol. 1-Ⅲ, New York : Harper & Row, 1953.

Lenski, R. C. H. The Interpretation of St. John's Revelation, Minneapolis : Augsburg Publishing House, 1961.

Mounce, Robert H. The New International Commentary on the New Testament, Grand Rapids : Wm. B. Eerdmans, 1977.

Ramsay, W. M. St. Paul the Traveller and the Roman Citizen, New York : Putnam's Sons, 1903.

Ridderbos, Herman. Paul : An Outline of His Theology, Grand Rapids : Wm. B. Eerdmans, 1975.

Trench, R. C. Commenatry on the Epistles to the Seven Churches in Asia, Mineapolis : Klock and Klock, 1978.

Yamauch, Edwin M. New Testament Cities in Western Asia Minor, Grand Rapids : Baker, 1998.

Walker, Williston. A History of the Christian, Edinburgh : T & T Clark, 1959.

강병도,「호크마요한계시록 주석」,서울,기독지혜사,1993.

김명혁,「초대교회사연구」,수원,합동신학교출판부,1985.

김의환,「교회사」,서울,세종문화사,1976.

_____,「기독교교회사」,서울,총신대학교출판부,1998.

김주찬,「소아시아의 7대 교회」,서울,옥합,1998.

김한기,「터어키와 성지」,서울,청담,1997.

박용규,「초대교회사」,서울,총신대학교출판부,1994.

박윤선,「요한계시록주석」,서울,영음사,1977.

손영삼,「성지해설/그리스」, 서울, 쿰란출판사, 1997.
_____,「내 사랑 집시」, 서울, 쿰란출판사, 1996.
안재도,「성지해설/영문 밖의 길」, 서울, 생명의 말씀사, 1994.
이중수 옮김,「바울」, 서울, 두란노서원, 1996.
정형철,「아가페성경사전」, 서울, 아가페출판사, 1995.
조용성,「잊혀진 땅」, 서울, 예루살렘, 1987.
한철하,「고대기독교사상」, 서울, 대한기독교서회, 1970.

성경지리

메대 - 바벨로니아 왕국

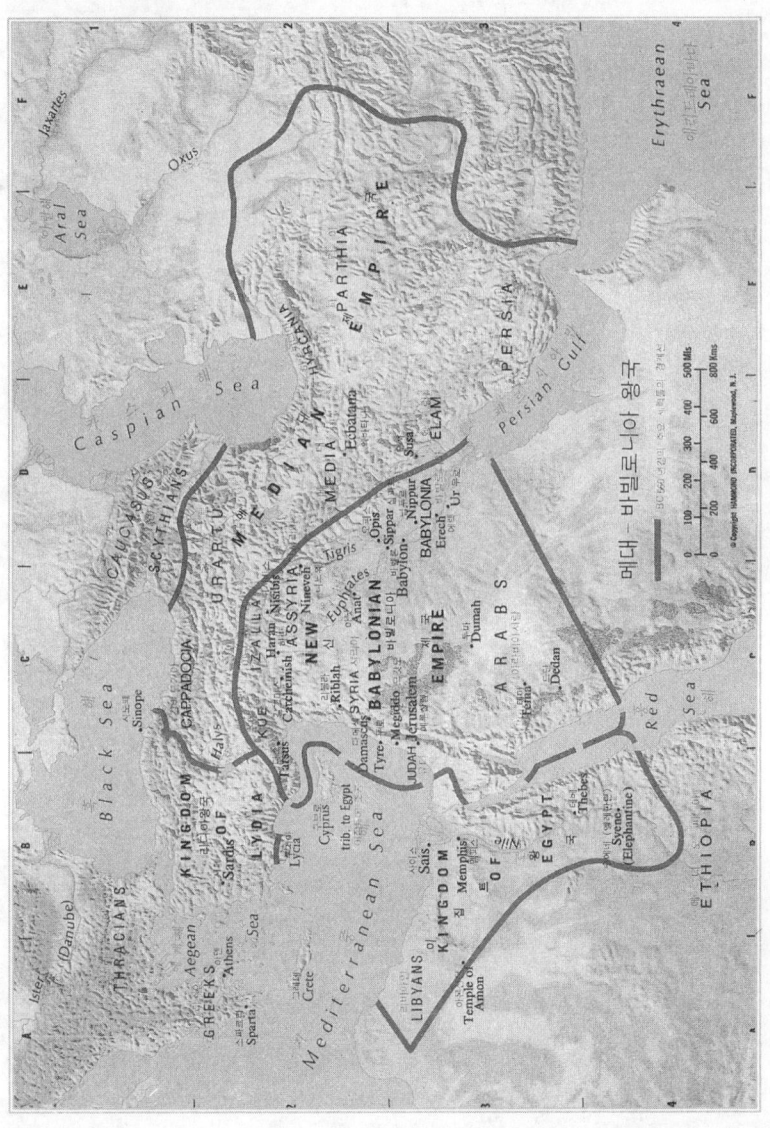

페르시아 제국

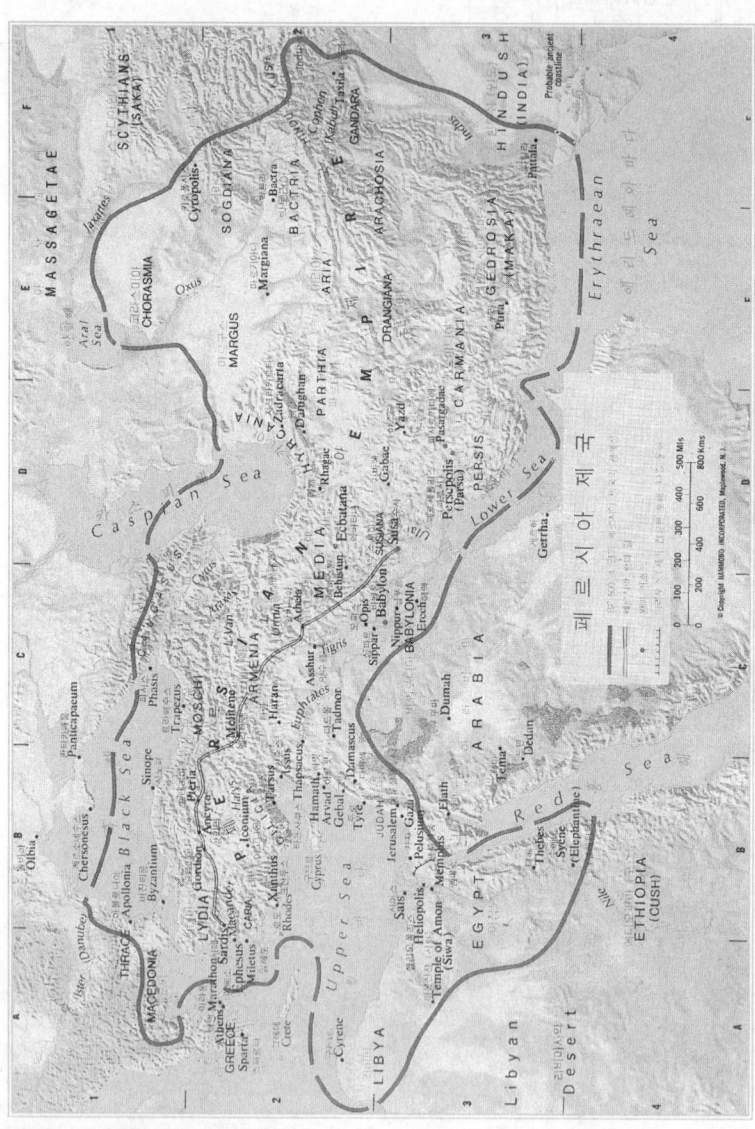

알렉산더 제국

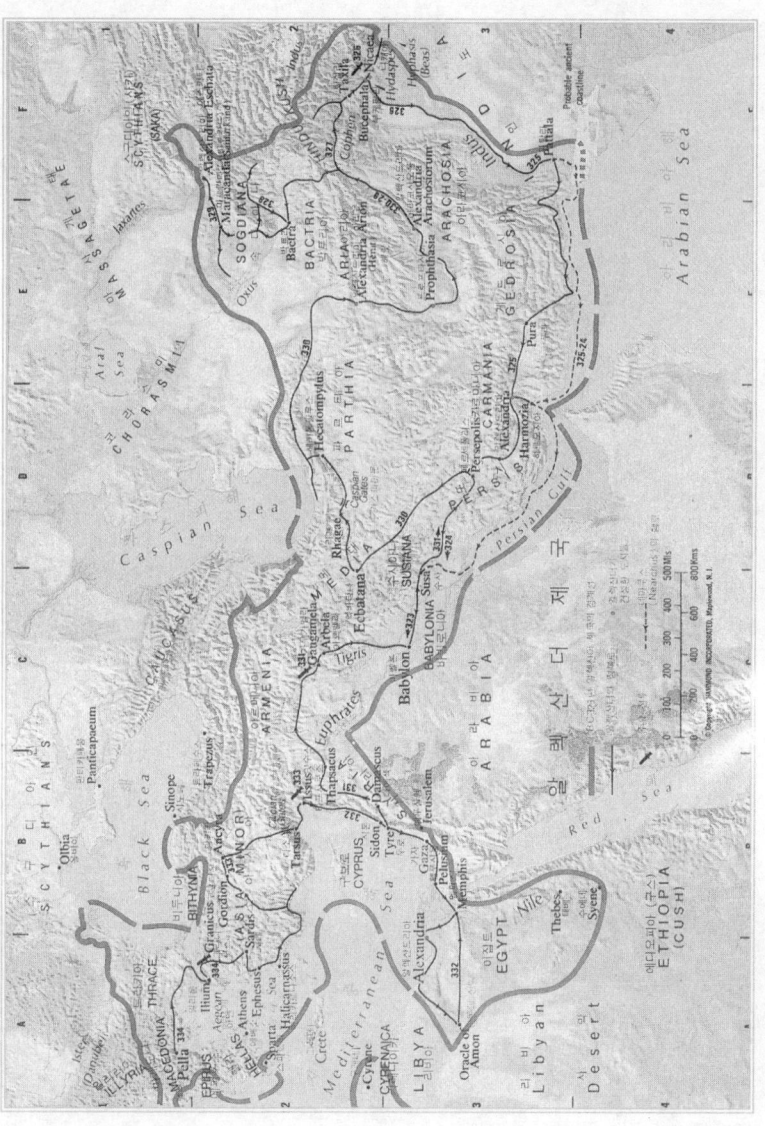

성경지리 289

로마 제국

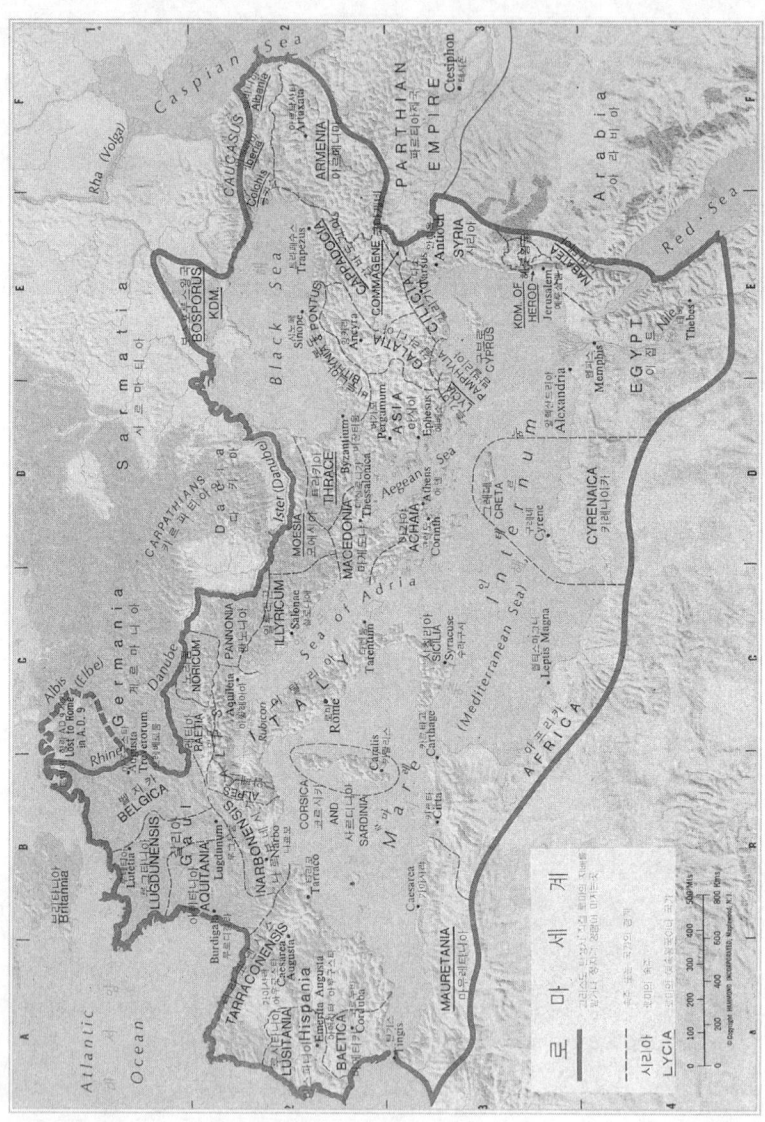

290 다소에서 밧모 섬

기독교의 확장

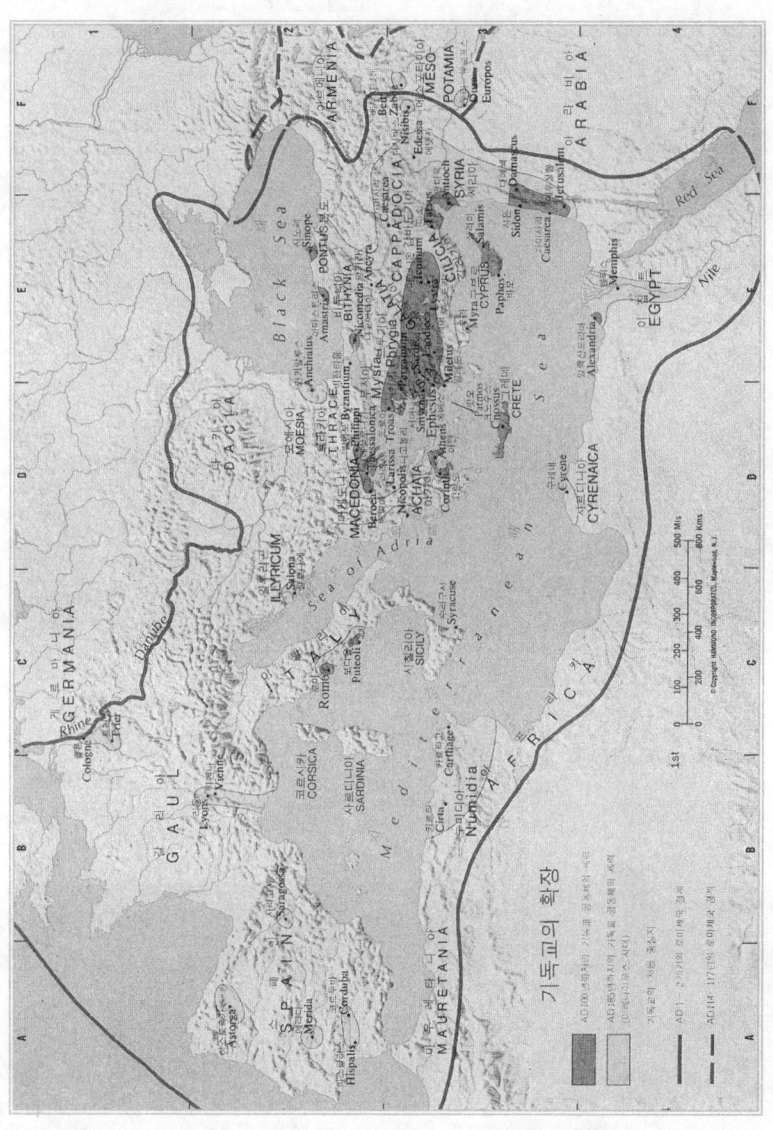

바울의 1차·2차 전도 여행지

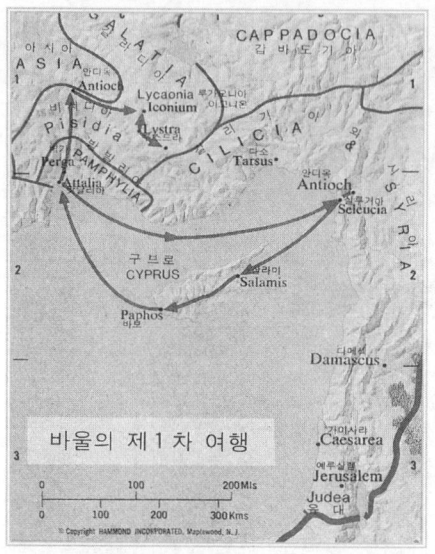

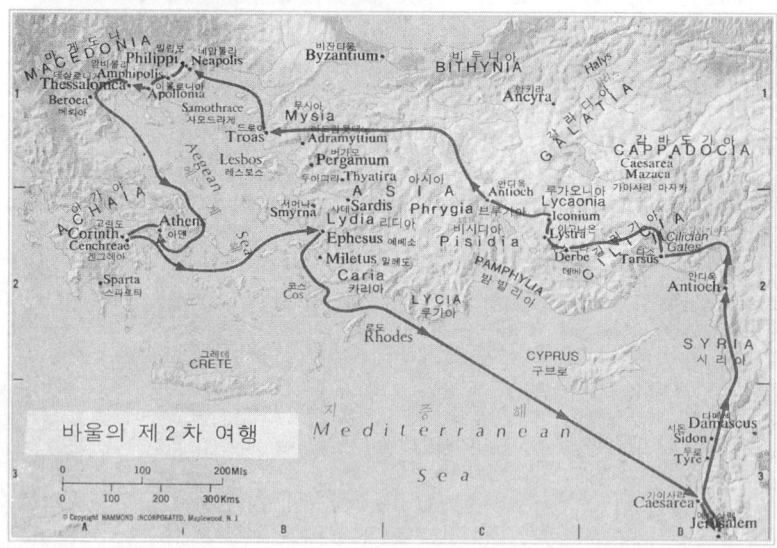

292 다소에서 밧모 섬

바울의 3차, 로마 전도 여행지

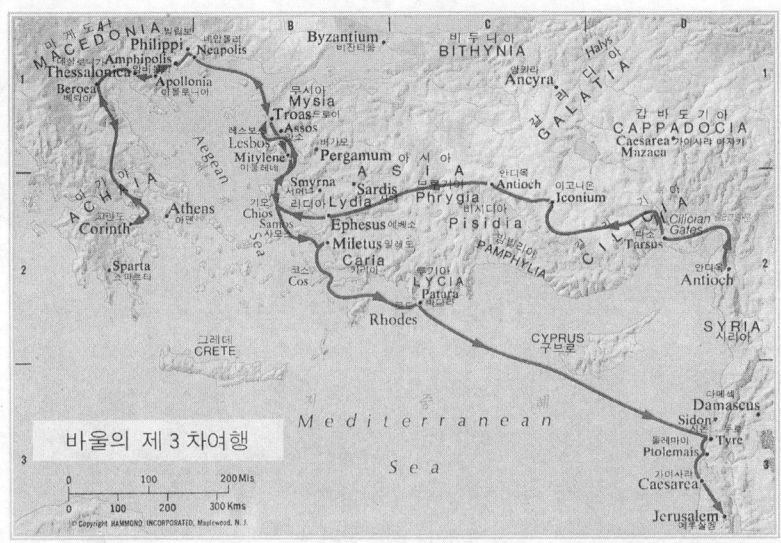

바울의 제 3 차여행

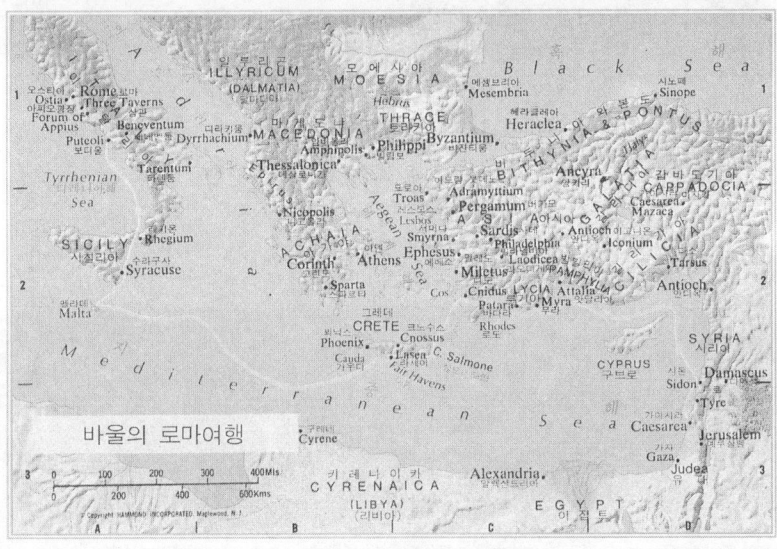

바울의 로마여행

|판권소유|

(성지순례) – 소아시아 교회와 사도 바울의 발자취를 따라서

다소에서 밧모 섬

1999년 9월 15일 인쇄
1999년 9월 20일 발행
지은이 / **안재도**
발행인 / **이형규**
발행처 / **쿰란출판사**
서울·종로구 연지동 1-1 여전도회관 1005호
TEL/745-1007, 745-1301~2
영업부/747-1004, FAX/745-8490
본사평생전화번호/0502-756-1004
홈페이지 ; http : //www.qumran.co.kr
E-mail ; qumran@shinbiro.com
qumran@hitel.net
등록/제1-670호(1988. 2. 27)

값 8,000원

책임교열 : 임영주·김효원

ISBN 89-7434-458-0 03230

쿰란출판사	쿰란출판사	쿰란출판사	쿰란출판사
쿰란출판사	쿰란출판사	쿰란출판사	쿰란출판사
쿰란출판사	쿰란출판사	쿰란출판사	쿰란출판사
쿰란출판사	쿰란출판사	쿰란출판사	쿰란출판사
쿰란출판사	쿰란출판사	쿰란출판사	쿰란출판사
쿰란출판사	쿰란출판사	쿰란출판사	쿰란출판사
쿰란출판사	쿰란출판사	쿰란출판사	쿰란출판사
쿰란출판사	쿰란출판사	쿰란출판사	쿰란출판사
쿰란출판사	쿰란출판사	쿰란출판사	쿰란출판사